DESIGN PARA SUSTENTABILIDADE

Blucher

Júlio Cezar Augusto da Silva

Design para sustentabilidade

Um guia para projetar soluções de baixo impacto ambiental

Design para sustentabilidade: um guia para projetar soluções de baixo impacto ambiental

Publisher Edgard Blücher
Editor Eduardo Blücher
Coordenação editorial Jonatas Eliakim
Produção editorial Kedma Marques
Revisão de texto Bruna Marques
Projeto gráfico Marcus Vinicius Reis Gama
Capa Leandro Cunha

Blucher

Rua Pedroso Alvarenga, 1245, 4º andar
04531-934 – São Paulo – SP – Brasil
Tel.: 55 11 3078-5366
contato@blucher.com.br
www.blucher.com.br

Segundo o Novo Acordo Ortográfico, conforme 6. ed. do *Vocabulário Ortográfico da Língua Portuguesa*, Academia Brasileira de Letras, julho de 2021.

Dados Internacionais de Catalogação na Publicação (CIP)
Angélica Ilacqua CRB-8/7057

Silva, Júlio Cezar Augusto da

Design para sustentabilidade: um guia para projetar soluções de baixo impacto ambiental / Júlio Cezar Augusto da Silva. – São Paulo : Blucher, 2022.

286 p.

ISBN 978-65-5506-465-0 (impresso)

1. Ecodesign - Brasil 2. Sustentabilidade I. Título

22-3211 CDD 745.40981

Índice para catálogo sistemático:
1. Ecodesign - Brasil

Conteúdo

Introdução 11
Agradecimentos 13

O DESIGN E O MEIO AMBIENTE

O que é um produto de baixo impacto ambiental 19
A crise ambiental e o design 21
Design para Sustentabilidade, ecoeficiência e ecodesign 23
Ciclo de Vida de um produto 25
Entradas e saídas do Ciclo27
Avaliação do Ciclo de Vida 28

ESTRATÉGIAS DE DESIGN DE BAIXO IMPACTO AMBIENTAL

I Estratégias para a fase de Obtenção do Material 35
1 Especificar materiais limpos 39
Como selecionar materiais menos tóxicos 39
Como selecionar acabamentos menos tóxicos 43
Considerações sobre o uso de substâncias tóxicas nos materiais 46
Toxicidade em materiais sintéticos e naturais 47
Materiais e componentes que empregam substâncias tóxicas e perigosas 47

Aspectos econômicos 50
Classificação de substâncias por toxicidade 50
2 Especificar materiais de baixo conteúdo energético 53
Como selecionar materiais de baixo conteúdo energético 53
O conteúdo energético de materiais reciclados 56
3 Especificar materiais renováveis 57
Como especificar materiais renováveis 57
Como especificar madeiras 60
Como especificar papéis 62
Como especificar algodão, lã e couro 62
4 Especificar materiais recicláveis 65
Como especificar materiais recicláveis 66
Compatibilidade entre plásticos 69
5 Especificar materiais reciclados 71
Como especificar materiais reciclados 72
Limitações dos materiais reciclados 75
6 Especificar materiais com impacto social positivo 77
Como promover impactos sociais com a seleção de materiais 77

II Estratégias para a fase de Manufatura 81
7 Reduzir toxicidades na manufatura 83
Como reduzir toxidades na manufatura 84
Tratamentos superficiais em metais 86
Tratamentos em madeira e derivados 86
Tratamentos e tingimentos de fibras e tecidos 87
Tintas e pigmentos 87
8 Reduzir o consumo de energia na manufatura 89
Como reduzir o consumo de energia na manufatura 89
9 Reduzir desperdícios na manufatura 95
Como reduzir desperdícios na manufatura 95
Reciclagem interna de sobras e resíduos 98

10 Reduzir impactos no projeto e administração 99
Como economizar recursos em atividades de projeto e administração 99

III Estratégias para a fase de Distribuição 103

11 Reduzir o peso e volume transportado 105
Como reduzir dimensões e peso da embalagem 105
Como reduzir dimensões e peso do produto durante a distribuição 109
Aspectos mercadológicos 112

12 Reduzir o impacto da embalagem 115
Como reduzir o impacto de embalagens 115
Considerações sobre embalagens 120

13 Planejar sistemas de distribuição eficientes 121
Como aumentar a eficiência na distribuição 121

IV Estratégias para a fase de Uso 127

14 Reduzir o consumo de energia no uso 129
Como aumentar a eficiência energética do produto 129
Considerações sobre o consumo de energia 137
Fontes de energia menos impactantes 139

15 Reduzir o consumo de insumos no uso 141
Como reduzir o consumo de insumos 141

16 Reduzir desperdícios no uso 147
Como evitar desperdícios 147

17 Projetar para inclusão social 151
Como desenvolver produtos de uso universal 152
Como mitigar impactos culturais do produto 156
Como desenvolver produtos acessíveis 158

V Estratégias para a fase de Fim de Vida 161
18 Projetar para a separação 165
Como projetar para desmontagem 165
Sistemas de desmontagem automática 172
Como projetar para fragmentação 172
Elementos contaminantes e aspectos econômicos da separação 175
Separação por Desmontagem x Separação por Fragmentação 175
19 Projetar para o Reuso 179
Como projetar para o reuso 179
Benefícios sociais do reuso 184
20 Projetar para a Remanufatura e recondicionamento 185
Como projetar para remanufatura 186
Considerações sobre a remanufatura 191
21 Projetar para a Reciclagem 193
Como projetar a reciclagem 194
Definindo as prioridades para a reciclagem 199
Riscos da reciclagem 199
Aspectos econômicos da reciclagem 201
Aspectos sociais da reciclagem 202
22 Projetar para o descarte adequado 203
Como projetar para o descarte adequado 203
Materiais biodegradáveis 206
Compostagem 207
Incineração 209
Locais de descarte 209

VI Estratégias para Redução 211
23 Projetar para Redução 213
Como reduzir o produto 213
Cuidados ao aplicar a redução 218
24 Projetar produtos integrados 221
Como integrar de funções 221
Cuidados na Integração de Funções 225

VII Estratégias para a Durabilidade Apropriada 227
25 Aumentar a resistência 233
Como aumentar a resistência 233
Durabilidade coerente 237
26 Estimular a manutenção e reparo 239
Como estimular atividades de manutenção 239
Aspectos econômicos do reparo 243
Rede de manutenção local 243
27 Estimular uma relação duradoura do usuário com o produto 245
Como estimular a conservação 245
Como desenvolver uma estética perene 247
28 Projetar produtos modulares 251
Como projetar produtos com estrutura modular 251
Considerações sobre a modularidade 257

VIII Estratégias para Novos Cenários - Design Estratégico 259
29 Sistema Produto Serviço 261
Como desenvolver Sistemas Produto-Serviço 262
Benefícios ambientais dos Sistemas Produto-Serviço 265
Aspectos culturais e riscos dos Sistemas Produto-Serviço 267
30 Compartilhamento 269
Como desenvolver produtos para uso compartilhado 269
Benefícios ambientais do Compartilhamento 272
Aspectos culturais e riscos do Compartilhamento 273
31 Desmaterialização 275
Como desenvolver produtos Desmaterizalizados 275
Benefícios ambientais da Desmaterialização 277

Referências 279

Introdução

Este livro é uma compilação de dados ambientais aplicáveis ao projeto de produtos, em linguagem acessível e organizada segundo as necessidades do usuário.

Um dos desafios enfrentados por projetistas ao tentar desenvolver produtos de baixo impacto ambiental é o tempo gasto pesquisando informações ambientais. Os designers enfrentam dificuldades também quando se deparam com dados conflitantes ou não confiáveis, o que ocorre com frequência quando se busca informações na internet.

O objetivo desta obra é ser uma fonte de informação prática, acessível e confiável.

Para isso, o livro foi organizado na forma de estratégias e diretrizes, ou dicas, de Design para Sustentabilidade. Sua abordagem se assemelha a um manual, com dicas práticas e exemplos concretos de produtos de baixo impacto ambiental bem sucedidos. A linguagem utilizada é a tipicamente empregada em ambiente de projeto, ou seja, foram evitados termos acadêmicos e discussões teóricas desnecessárias.

As estratégias e diretrizes apresentadas são baseadas nas propostas de autores como Ezio Manzini, Han Brezet, Carlo Vezzoli, Jan Carel Diehl, entre outros.

O livro está dividido em duas seções. A primeira, muito breve, apresenta conceitos básicos de Design para Sustentabilidade, Ecodesign, Ciclo de Vida do Produto e Análise do Ciclo de Vida. Esta seção introdutória é necessária para apresentar estes conceitos chaves, que serão revisitados ao longo da parte principal do livro.

A segunda seção deste livro apresenta 31 Estratégias de Design para Sustentabilidade para Projeto de Produtos, organizadas em oito grupos: (I) Estratégias para a fase de Obtenção dos Materiais, (II) Estratégias para a fase de Manufatura, (III) Estratégias para a fase de Distribuição, (IV) Estratégias para a fase de Uso, (V) Estratégias para a fase de Fim de Vida, (VI) Estratégias para a Redução, (VII) Estratégias para a Durabilidade Apropriada e (VIII) Estratégias para Novos Cenários. Os cinco primeiros grupos estão relacionados à etapa do Ciclo de Vida na qual a estratégia impacta (Obtenção dos Materiais, Manufatura, Distribuição, Uso e Fim de Vida). Os dois seguintes são grupos que tratam de estratégias especiais, que influenciam todo o ciclo de vida (Redução e Durabilidade). O último aborda estratégias que vão além do produto e seu ciclo de vida, pois permitem a construção de Novos Cenários, nos quais o Design tem uma atuação mais estratégica.

Cada estratégia está apresentada em um capítulo próprio. Para pôr em prática cada uma delas são apresentadas diretrizes de aplicação, ou dicas, no início do capítulo (sob títulos como "Como Selecionar ...", "Como reduzir ..." etc.), e em letra destacada. Na sequência, a título de inspiração, são apresentados e explicados exemplos de aplicação bem sucedida das diretrizes em produtos no mercado ou novos conceitos. A seguir podem haver textos complementares, considerações e contextualizações, necessários para a correta aplicação da diretriz.

O livro não deve ser entendido como um tratado que esgota o assunto, mas sim um primeiro contato com o tema. Pode ser necessário um aprofundamento posterior, na bibliografia especializada ou via consultores.

Também não apresenta soluções prontas, mas sugestões e pontos para serem refletidos, como um apoio ao brainstorming e estímulo à criatividade da equipe. As diretrizes apresentadas não são definitivas ou únicas, a equipe de design pode e deve desenvolver suas próprias diretrizes de ecodesign adequadas ao produto, à empresa onde trabalham e ou ao seu consumidor, conforme for adquirindo experiência no tema.

Agradecimentos

A elaboração deste livro só foi possível graças ao apoio que recebi de diversos colegas e amigos, que colaboraram direta ou indiretamente para sua realização.

Agradeço aos designers Angelina Lopez e Alexandre Machado, pela colaboração na revisão dos conceitos, e Marcus Gama, pelo apoio no projeto gráfico, ilustrações e capa. Agradeço também ao químico Marcelo Ferreira pela revisão técnica.

Sou muito grato também aos colegas da Divisão de Design Industrial do Instituto Nacional de Tecnologia, pelos ricos debates, discussões e sessões de Brainstorming sobre sustentabilidade, ecodesign e inclusão. Seria impossível agradecer a todos, mas destaco Marcos Garam, Mauro Melo, Bernardo Senna, Pedro Zöhrer e Saul Mizrahi.

Um agradecimento especial à orientação e apoio dos meus mestres no início da minha jornada na sustentabilidade: Alfredo Jefferson, Jan Carel Diehl e Han Brezet.

E a Claudia Borges, companheira de vida, pelo apoio, afeto e encorajamento.

O Design e o Meio Ambiente

Nesta primeira seção serão discutidos alguns conceitos de produto de baixo impacto ambiental, seguido de uma breve contextualização da crise ambiental e sua relação com o design de produtos. A seguir, serão apresentados o Design para Sustentabilidade e Ecodesign como caminhos para redução dos impactos do consumo humano. Por fim, serão discutidos o Ciclo de Vida e a Avaliação de Ciclo de Vida, temas fundamentais para o Design para Sustentabilidade.

O que é um produto de baixo impacto ambiental

A princípio pode parecer óbvio o conceito de produto de baixo impacto ambiental. Entretanto, existem diversas concepções do que seja isso, e estas, frequentemente, são bem divergentes. O que o setor de projeto de uma empresa entende como produto de baixo impacto pode não ser o mesmo que seu consumidor percebe como tal; o que a legislação estabelece como baixo impacto ambiental pode não estar atualizado com o que a ciência aponta.

Por exemplo, entre consumidores, é comum a percepção que produtos produzidos com fibras naturais são "verdes", embora nem sempre isso seja verdade. Em alguns casos, a especificação deste tipo de material em produtos de grande consumo cria uma pressão econômica sobre florestas nativas que leva à exaustão reservas naturais, estimula extrativismo não sustentável ou agricultura intensiva.

No âmbito das empresas, divergências semelhantes ocorrem; os valores da companhia ditam o que é entendido como baixo impacto. Algumas empresas, por exemplo, se consolidaram no mercado com a imagem de produzir produtos sólidos, robustos. Para estes casos, o setor de marketing trabalha a percepção de que "verde" é um produto resistente, durável. Outras empresas, ao contrário, desenvolvem tradicionalmente produtos leves, elegantes. Normalmente divulgam a qualidade ambiental de seus produtos como otimizados, eficientes, com baixo gasto de energia e material.

Com relação aos governos e legislação, pressões políticas e econômicas ditam o que será considerado como impactante. Nações com terras escassas, por exemplo, costumam atribuir grande importância ao impacto dos descartes e suas legislações enfatizam a reciclagem e reuso. Em países com grandes reservas de petróleo e pouca água, a tendência é não considerar o consumo de combustíveis fósseis como um problema ambiental grave, focando a atenção mais no uso responsável da água.

Supostamente, o que a ciência classifica como “baixo impacto” seria a abordagem mais segura, por estar isenta de parcialidades, modismos, influências políticas e culturais. No entanto, mesmo esta não é totalmente livre de algum grau de subjetividade. Existem diversos modelos para calcular o efeito de um produto no meio ambiente, cada qual levando em consideração algumas categorias de impacto e ignorando outras. O peso e a relevância atribuídos a cada categoria de impacto também varia de um modelo para outro.

Ao desenvolver um produto, o designer deve atentar para as diferentes percepções do que seria um produto de baixo impacto, procurar atender a todas quando possível, e quando não for, priorizar. Inicialmente avaliar, através de análises técnicas e imparciais, as prioridades ambientais do produto (vide capítulo Avaliação de Ciclo de Vida). A seguir, observar a legislação ambiental, levantar o que o consumidor entende como “verde” para aquela classe de produto e os valores da empresa.

Existe um leque de estratégias e diretrizes de ecodesign, que atendem a diferentes metas ambientais, como reciclagem, reuso, redução de emissões, do consumo de energia, de água etc. Quando aplicadas durante o projeto, podem ajudar a desenvolver um produto de baixo impacto, lucrativo e que atenda aos desejos e necessidades do usuário e à legislação.

A crise ambiental e o design

Desde a década de 1970 a humanidade vem consumindo recursos e gerando emissões em um ritmo mais acelerado do que a capacidade de elaboração do meio ambiente, ou seja, o homem está consumindo as reservas naturais que herdou, está em déficit. E isso em um planeta onde apenas uma minoria tem acesso a bens de consumo de forma plena. Se todos os habitantes do planeta tivessem acesso a um padrão de conforto de um europeu médio (que consome de forma mais equilibrada que um norte-americano), a situação seria ainda mais insustentável. Estudos apontam que seriam necessários 2,5 planetas Terra para suprir o consumo humano nestas condições [1] (figura 1), logo, a esperança de um futuro com menos desigualdade, no qual todos teriam acesso ao conforto material, se torna uma falácia, caso não ocorram mudanças profundas no modelo de desenvolvimento econômico vigente.

Outro aspecto preocupante do cenário é que este déficit entre o consumo e a capacidade do planeta de prover aumenta a cada ano, ou seja, não está estabilizado tampouco sendo revertido, devido ao aumento nos padrões de consumo e o crescimento demográfico. A perspectiva de inserção de novas populações no padrão de consumo europeu, com o rápido crescimento econômico de países emergentes e superpopulosos, em especial a China e a Índia, completa o quadro de instabilidade em níveis globais. Este preocupante cenário aponta para a urgência na busca de soluções que permitam o contínuo progresso da humanidade, mas em um modelo que seja exequível para esta e as próximas gerações.

Especialistas em sustentabilidade estimam que para estabilizar o fluxo de matéria e energia num patamar administrável pela natureza, ao mesmo tempo que estende o bem estar material a todos, será necessário que a ecoeficiência dos produtos e serviços seja multiplicado por 10 ou 20 [2].

Uma das formas de alcançar este desafio é aplicar princípios de ecodesign em todos os produtos desenvolvidos, procurando obter a mesma qualidade na relação entre o usuário e o produto, mas com valores decrescentes de impacto ambiental. Possivelmente, às soluções tecnológicas terão que se somar também soluções culturais para redução do impacto do consumo.

Designers, engenheiros e arquitetos, entre outros profissionais, têm um importante papel neste desafio, como responsáveis pelo desenvolvimento de produtos e proponentes de soluções e estratégias para os problemas relacionados ao processo de consumo.

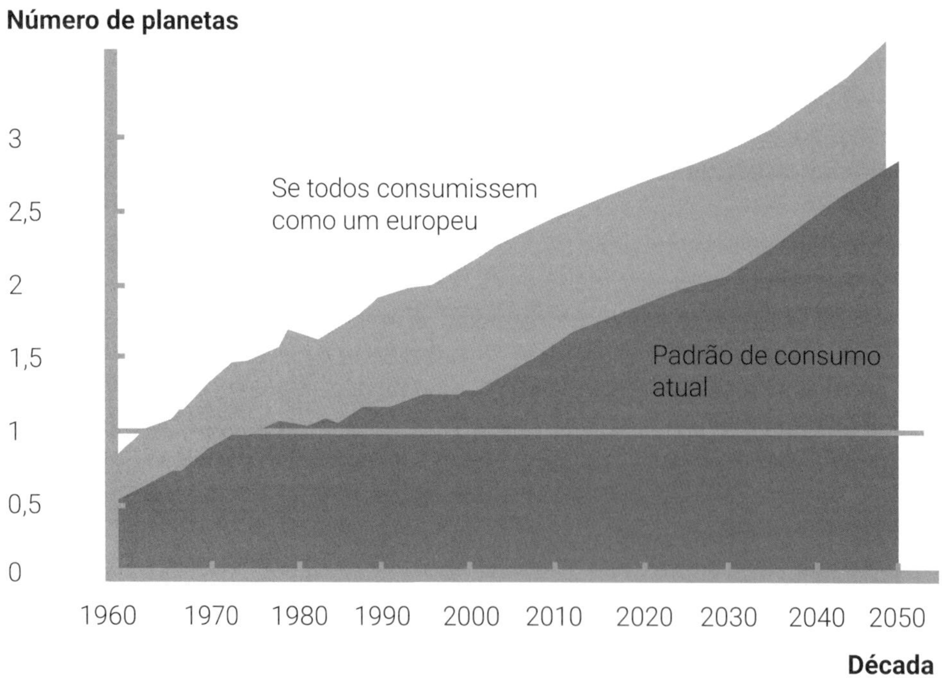

Fig. 1

Fig. 1 – evolução do déficit ambiental baseado em estimativas da ONG WWF [1]

Design para Sustentabilidade, ecoeficiência e ecodesign

O impacto ambiental de um produto é, em grande parte, determinado na fase de projeto, quando são tomadas decisões que irão influenciar a forma de uso, a durabilidade, a logística de distribuição, o descarte etc., bem como especificados materiais e processos de fabricação.

Algumas áreas do conhecimento abordam o tema impacto ambiental e orientam o processo de desenvolvimento de produtos e serviços com ênfase em sua redução.

Derivado do conceito de Desenvolvimento Sustentável, o Design para Sustentabilidade ou Design Sustentável pode ser considerado a aplicação de seus preceitos no projeto de produtos. Surgida no fim dos anos 1980, esta abordagem orienta o desenvolvimento de produtos, serviços, processos, sistemas e estratégias sustentáveis do ponto de vista econômico, ambiental e social[3].

O Design para Sustentabilidade aborda a atuação do designer frente a questões cruciais da humanidade neste princípio do terceiro milênio, como o impacto ambiental do consumo de produtos, crise energética, esgotamento de recursos não renováveis, responsabilidade social, inclusão, comércio justo, aquecimento global, gestão de resíduos sólidos, entre outros.

Já o Ecodesign pode ser considerado como uma aplicação dos princípios de Ecoeficiência no design. Desta forma, seu foco está concentrado nos aspectos ambientais, buscando o desenvolvimento de bens e serviços que satisfaçam necessidades humanas e tragam qualidade de vida e, ao mesmo tempo, reduzam progressivamente os impactos ambientais e o uso de recursos, ao longo do ciclo de vida, para os níveis coerentes com a capacidade de carga do planeta [4] [5]. Pode ser caracterizado como um campo do conhecimento que se baseia nos métodos de design e nas teorias das ciências ambientais.

Este conhecimento pode ser estruturado na forma de estratégias e diretrizes, para simplificar a integração dos conhecimentos ambientais no processo de design.

Tanto o Ecodesign quanto o Design para Sustentabilidade colocam a preocupação ambiental como um dos princípios centrais do projeto. Mas o Design para Sustentabilidade é mais amplo e profundo, incluindo três outros aspectos: a incorporação da dimensão social; a busca de soluções mais inovadoras do que as tradicionalmente obtidas no Ecodesign; e o entendimento dos princípios ecológicos como a própria substância do design, mais do que um novo grupo de exigências projetuais a ser acrescentado.

Ciclo de Vida de um produto

Como Ciclo de Vida de um produto entende-se sua existência física por uma ótica abrangente e inclusiva, que vai muito além do intervalo de tempo entre sua exposição na prateleira do mercado e abandono na lixeira. Por essa abordagem, a vida do produto é considerada desde a extração de cada matéria-prima empregada até a completa degradação de cada um dos seus componentes no aterro sanitário, séculos depois.

Essa abordagem também é conhecida como "do berço ao túmulo", ou ainda, "do berço à reencarnação", alusão à possibilidade de reciclagem.

Como, por essa abordagem, as etapas anteriores e posteriores ao uso do produto também fazem parte do seu ciclo de vida, a responsabilidade da empresa fabricante é ampliada.

O conceito de Ciclo de Vida é central para o Ecodesign e para o Design para Sustentabilidade. A grande inovação desta abordagem é a percepção de que os impactos provocados por um produto ocorrem em outros momentos além de sua existência como tal. Quando o produto (ou serviço) é entendido por esta ótica, sua história pregressa e subsequente é revelada, e impactos ocultos aparecem. Os resultados podem ser surpreendentes, com produtos pequenos e aparentemente inofensivos demandando um longa lista de insumos muito maiores. Por exemplo, por trás de cada litro de suco de laranja na prateleira de supermercado podem estar até mil litros de água na irrigação, dois litros de óleo diesel na distribuição, além de agrotóxicos diversos [6].

Outro aspecto exposto quando se aplica a abordagem de Ciclo de Vida é a influência de características regionais. Um material com bom desempenho ambiental em uma localidade pode ser muito impactante em outra, dependendo das distâncias que tem que percorrer, dos hábitos do consumidor local, da existência de infraestrutura de reciclagem etc.

Normalmente são assumidas cinco fases no ciclo de vida de um produto:

obtenção da matéria-prima,
manufatura do produto,
distribuição,
uso
fim de vida.

A expressão Ciclo de Vida pode ser utilizada com outros significados em outras disciplinas. O Marketing, por exemplo, denomina como Ciclo de Vida o período que compreende o projeto, lançamento, venda e retirada do produto do mercado. O resultado é apresentado como uma curva de Vendas x Tempo, que demonstra o desempenho do produto como um negócio, sua lucratividade. O ciclo de vida pela ótica ambientalista, diferentemente, não mede o desempenho em termos comerciais, mas sim em termos de impacto ambiental. E não entende o produto como fluxo de capital, mas como fluxos de matéria e energia. Uma abordagem não exclui a outra. Cada uma em sua disciplina, são complementares para o bom desempenho comercial e ambiental do produto.

Entradas e saídas do Ciclo

Na abordagem de ciclo de vida, o produto passa a ser analisado como uma série de fluxos de matéria e energia. Cada uma das fases deste ciclo tem entradas e saídas (*inputs e outputs*) próprios, ou seja, consome matéria e energia e libera emissões e resíduos (figura 2).

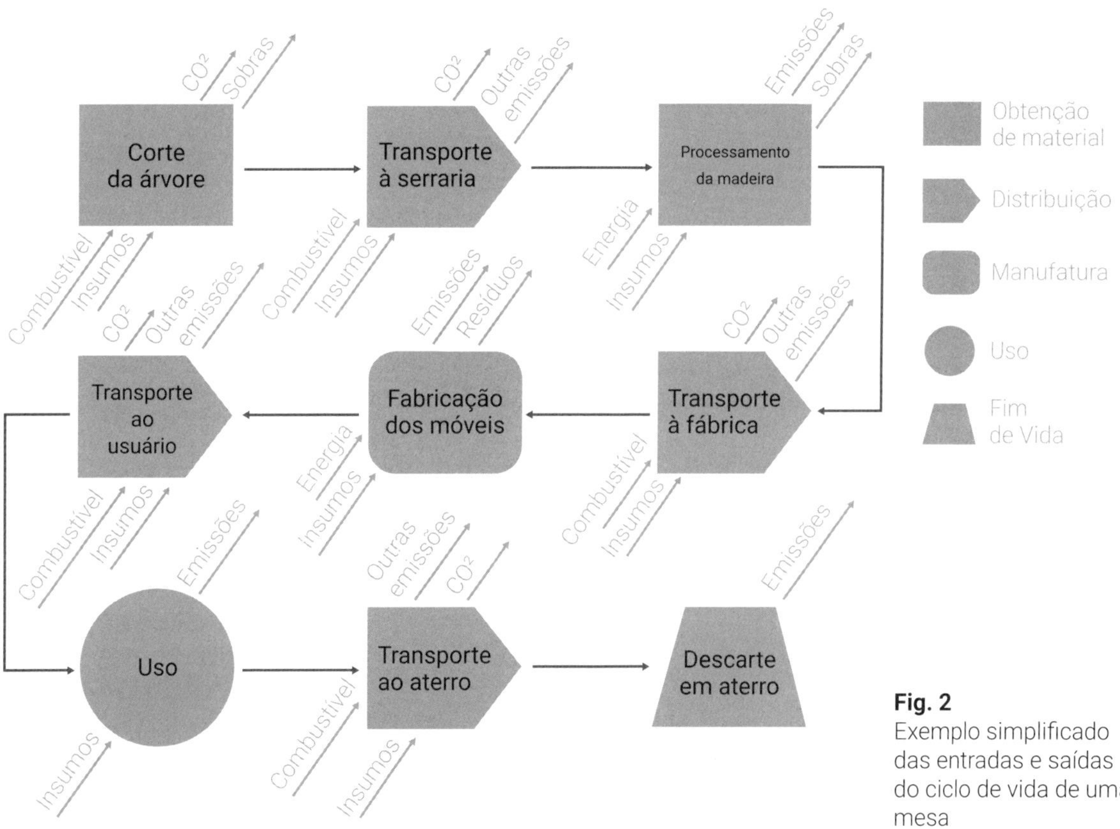

Fig. 2
Exemplo simplificado das entradas e saídas do ciclo de vida de uma mesa

Avaliação do Ciclo de Vida

O conceito de Ciclo de Vida deu origem a Avaliação de Ciclo de Vida – ACV, que é o levantamento das entradas e saídas de todo o ciclo de vida e avaliação de seus impactos ambientais. A ACV é um dos mais importantes instrumentos para o Ecodesign, pois permite medir o impacto do produto como um todo: seus materiais, processos, distribuição, uso e fim de vida, e com isso avaliar prioridades de ação, alternativas de projeto etc.

Neste método levanta-se toda massa que entra no sistema (inputs de matéria e insumos em todos os processos relacionados ao produto) e que sai (outputs de resíduos e efluentes em todos os processos ligados ao produto), e seus respectivos impactos. O mesmo é realizado quanto à energia: calcula-se o consumo de energia, em todas as suas formas, que ocorrem em todos os processos relacionados ao produto.

A ACV é, em geral, comparativa, isto é, mede o impacto ambiental de um produto (ou serviço, componente, material, processo ou mesmo estratégia) em comparação com outro. Desta forma, funciona como uma ferramenta para auxiliar a tomada de decisões.

A título de exemplo, pode-se citar uma decisão sobre a melhor forma de embalar refrigerante, se em garrafas PET descartáveis ou em garrafas de vidro retornáveis. Geralmente a garrafa descartável impacta mais porque tem um ciclo de vida extremamente desfavorável, algumas semanas de vida útil e séculos de “vida inútil”, o tempo necessário para o plástico degradar num aterro sanitário. Mas, por outro lado, a garrafa PET pesa apenas 50 gramas e transporta dois litros de refrigerante, enquanto a de vidro pesa 900 gramas e leva um litro, o que significa que, para este caso, metade da energia empregada na distribuição será gasta apenas para o transporte da embalagem. Em acréscimo, é preciso levar em conta o gasto de água e o efeito dos detergentes necessários para a higienização das garrafas. A decisão tem que ser tomada, portanto, comparando-se impactos ambientais de natureza diferente, de um lado desperdício de matéria-prima e descarte em aterros (para a solução PET descartável), de outros gastos de água, combustível e detergentes e emissões de CO_2 (solução de vidro retornável). Para encontrar a resposta para uma comparação desta natureza, quando impactos distintos são confrontados, a ACV é uma ferramenta útil, pois mede e permite comparar impactos de diferentes classes e presentes em diferentes fases do ciclo de vida. Além disso, leva em conta a realidade regional, e respostas a este tipo de decisão geralmente são de natureza local. Voltando ao exemplo da embalagem de refrigerante, em regiões áridas, onde água é escassa e as terras improdutivas, talvez a solução garrafas PET descartável seja menos impactante do que a retornável de vidro. Em regiões com fartas bacias hidrográficas e terras férteis, provavelmente será o contrário.

Aqui foram abordados aspectos ambientais, mas a ACV também pode considerar aspectos econômicos e sociais, ou seja, considerar todas as dimensões da sustentabilidade de um produto.

Não cabe, neste guia, o aprofundamento do tema ACV, mas é importante ter em mente que a seleção das estratégias e diretrizes de Ecodesign deve levar em consideração todo o Ciclo de Vida.

Estratégias de Design de Baixo Impacto Ambiental

Nesta segunda seção são apresentadas 31 Estratégias de Design para Sustentabilidade para projeto de produtos, organizadas em oito capítulos. Nos primeiros cinco capítulos são apresentadas estratégias que influenciam o impacto ambiental em determinadas etapas do ciclo de vida (Obtenção dos Materiais, Manufatura, Distribuição, Uso e Fim de Vida); nos dois seguintes, estratégias que afetam todas as etapas do ciclo de vida (redução e durabilidade); e no último, estratégias para construção de novos cenários.

Para alcançar o objetivo de reduzir os impactos dos produtos e serviços foram elaboradas por pesquisadores do universo acadêmico diversas estratégias e centenas de diretrizes. Neste livro, estes preceitos de boas práticas para ecoeficiência são apresentados de forma prática, aplicada ao design de produtos, e ilustrados com exemplos de produtos nos quais a aplicação foi bem sucedida.

I Estratégias para a fase de Obtenção do Material

A seleção de materiais de baixo impacto costuma ser uma das primeiras estratégias de Eco-design lembrada, mas seu alcance geralmente é limitado: a simples mudança de material nem sempre melhora o desempenho ambiental do produto significativamente.

Por outro lado, frequentemente é a de mais fácil aplicação, porque não costuma exigir profundas mudanças no projeto. Desta forma pode ser uma boa opção para iniciar o processo de Ecodesign em uma empresa.

Não há material bom ou material ruim em termos absolutos. Sempre é necessário analisar todo o contexto de uso e as características do produto para compreender qual solução é a mais adequada.

Primeiro faça uma relação de todos os materiais usados no produto: tipo, quantidade e peso. A seguir levante informações e reflita sobre alguns aspectos ambientais dos materiais em consideração:

> O material é intensivo em energia (ou seja, sua extração, beneficiamento ou produção gasta muita energia)?
>
> O material é intensivo em recursos (sua extração, beneficiamento e produção gasta água ou insumos)?
>
> O material gera emissões tóxicas em alguma fase do ciclo de vida (não apenas na obtenção, mas também uso e fim de vida)?

Qual a distância percorrida pelo material da extração ao beneficiamento, do beneficiamento à produção, da produção ao uso?

A extração do material reduz a biodiversidade ou ameaça áreas de proteção ambiental?

A extração, beneficiamento e produção do material produzem impactos sociais negativos (envolve riscos para a saúde do trabalhador, explora populações carentes, não são realizados dentro dos princípios de comércio justo)?

O fato de um material ser usado como padrão em uma dada aplicação não significa que é o melhor; frequentemente ele se tornou padrão apenas porque seu emprego foi estimulado pelo produtor. Reflita sobre aspectos positivos e negativos de cada material para a aplicação desejada.

Os metais costumam ser materiais caros, e alguns podem emitir toxicidades durante seu beneficiamento, como cobre, zinco, latão, cromo e níquel. Em contrapartida, são muito duráveis e recicláveis.

O vidro é quebradiço e pesado, ou seja, gastará muita energia na fase de distribuição. Por outro lado, é facilmente reciclável, de fácil limpeza e baixo custo.

As cerâmicas também são quebradiças e não são recicláveis. Mas empregam menos energia na fabricação do que plásticos e metais, não emitem toxicidades, suportam altas temperaturas e são fácil limpeza.

As pedras são materiais muito pesados, mas são resistentes à umidade, fogo, raios UV, temperaturas extremas, atmosferas salinas, ataque de pragas e fáceis de limpar e conservar. Por tudo isso, podem durar séculos, mas não devem ser especificados em produtos que sejam movimentados regularmente.

Plásticos duram menos e são de difícil reciclagem, pois exigem uma separação cuidadosa. Em contrapartida, são materiais de baixo custo e leves. Ao escolher um material visando à redução de impacto do produto, tenha em mente também a percepção do consumidor. Nem sempre um material de baixo impacto é visto desta forma. Por exemplo, alguns materiais sintéticos são menos impactantes do que os naturais, mas o consumidor raramente percebe dessa forma.

Além disso, é preciso estar atento para a percepção de valor do consumidor. A sustentabilidade é um equilíbrio entre o desempenho ambiental, econômico e social. Por isso, a substituição de um material a por outro de menor impacto deve ser feita com cuidado para que seja sempre entendida como uma qualidade a mais do produto, e não como uma solução barata, mal-acabada. Por exemplo, metais costumam ser percebidos como materiais de melhor qualidade que os plásticos; materiais reciclados podem ser percebidos tanto como materiais benéficos para o meio ambiente como materiais de qualidade inferior. Existe também uma influência de aspectos culturais e regionais na percepção de valor dos consumidores, provocada por fatores geográficos e históricos, como disponibilidade de recursos naturais, de espaço e energia. Por exemplo, de um modo geral, os produtos japoneses são mais leves do que os europeus, e estes mais leves do que os americanos.

Outro ponto a ser observado, é a relação entre a qualidade do material e seu local no produto. Empregar materiais mais nobres (caros e geralmente mais impactantes) em partes que o usuário não entra em contato, ou onde suas boas propriedades não contribuem para a qualidade do produto, é um desperdício.

Essas e outras questões sobre materiais e seus impactos serão aprofundadas nas páginas seguintes, ao longo de seis estratégias para a Fase de Obtenção do Material.

1

Especificar materiais limpos

Para o desenvolvimento de produtos menos impactantes, é importante conhecer eventuais toxicidades de materiais e componentes e especificar alternativas mais limpas.

Como selecionar materiais menos tóxicos

Em alguns casos é impossível ou inviável eliminar todas as substâncias tóxicas no produto. Para orientar seu processo de decisão, reflita sobre essas questões: [7]

Levante os dados

Qual substância está sendo usada?
Sob que forma?
Em que quantidade?

Observe o entorno

O que fala a legislação atual e perspectivas futuras?
Qual é a percepção do consumidor sobre a substância?
O que os concorrentes estão usando?

Estude a tecnologia

Que alternativas estão disponíveis?
Essas alternativas podem alterar funcionalidades do produto?
A substituição é economicamente viável?
Os parceiros da cadeia produtiva podem ajudar?

Algumas diretrizes para a seleção de materiais menos tóxicos:

Solicite aos seus fornecedores a lista de substâncias presentes nos seus materiais e sua toxicidade.

Avalie substituir materiais tóxicos por opções mais limpas.

Selecione fornecedores com opções menos tóxicas para material empregado.

Se não houver alternativa razoável no mercado, considere trocar o material. Avalie o grau de risco, a quantidade e a necessidade dele no produto, para decidir o melhor procedimento.

Se não for possível, procure restringir o uso do material com toxicidades apenas onde estritamente necessário.

Aumente a vida útil desses componentes com toxicidades para reduzir a necessidade de manufatura de novas unidades.

Informe o usuário quanto à toxicidade do material ou componente, com instruções de uso seguro e descarte adequado.

(Qwstion)

Fornecedores com opções menos tóxicas
O algodão é uma das culturas em que mais se utilizam agrotóxicos, mas há alternativas. A linha de bolsas Qwstion office pack, da Qwstion, é produzida em algodão orgânico, além de ter forma sóbria e atemporal.

Opções menos tóxicas
A luminária Cinna lamp, desenvolvida por Francois Rybarczyk é produzida em cerâmica e cortiça, materiais limpos, renováveis e abundantes.

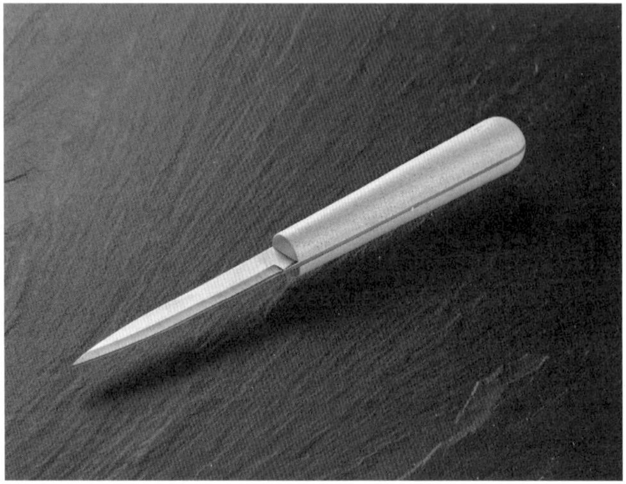

(Francois Hurtaud)

Novos materiais menos tóxicos
O conjunto de facas projetado por Francois Hurtaud para Yootensel emprega resíduos agrícolas no cabo, que normalmente seriam descartados. Um material limpo, que ao fim da vida pode ser reciclado ou descartado sem impacto.

Como selecionar acabamentos menos tóxicos

A toxicidade emitida por um material pode não estar na matéria em si, mas em seu acabamento, pintura ou recobrimento. Alguns desses tratamentos superficiais, porém, podem ser necessários para aumentar a vida útil dos materiais.

Para reduzir a toxicidade dos acabamentos, reflita sobre as sugestões a seguir:

Como regra geral, opte por materiais que não necessitem de acabamento superficial, por exemplo, prefira alumínio polido no lugar de alumínio anodizado.

O acabamento pode valer a pena, do ponto de vista ambiental, nas situações em que ele aumente a durabilidade do material. Neste caso, levante as opções menos tóxicas.

No caso de metais, evite cobertura de cádmio, cromo, níquel e estanho, bem como seus compostos.

Em situações em que ocorre desgaste intenso, pode ser tolerado tratamento com cromo ou níquel, para aumentar a durabilidade do material.

Para pintura em metais, dê preferência a tintas à base de água ou em pó.

No caso de madeiras, prefira madeira natural no lugar de envernizada.

Quando não for possível, dê preferência para acabamentos à base de cera e óleo. Como segunda opção, acabamento tendo água como base. A terceira opção é o uso de acabamento em pó. Como última opção, use vernizes resistentes a raios UV.

O tratamento preservativo da madeira é necessário para aumentar sua durabilidade, mas nele não devem ser empregados pesticidas classi-

ficados como classe 1A (extremamente perigosos) e 1B (altamente perigosos).

No caso de plásticos, prefira materiais pigmentados no lugar de pintados.

Como regra geral para tintas, independente do material onde será aplicada, se informe sobre as emissões e toxicidades de cada cor. Em alguns casos, é possível reduzir as emissões tóxicas apenas mudando a tonalidade.

(Rik Olthuis)

Materiais sem acabamento superficial
O tênis Voronoi Runners, projetado por Rik Olthuis, usa filamento de impressão 3D biodegradável, lã merino e bio espuma. Não emprega cola nem acabamentos tóxicos.

Acabamentos menos tóxicos
Na cadeira Formway Life chair foram evitados materiais que apresentem toxidade na obtenção e no acabamento. As espumas foram sopradas usando água como meio. Foram evitados acabamentos tóxicos e selecionadas colas com baixa emissão de Componentes Orgânicos Voláteis.

Materiais sem acabamento superficial
É possível pensar em materiais inusitados. O toca disco Enzo Concrete Turntable, de Mikołaj Nicer, disco tem o gabinete em concreto, um material sem toxicidades, que não precisa de acabamentos e é muito durável. As irregularidades superficiais não precisam ser eliminadas, fazendo parte das peculiaridades do produto.

(Mikołaj Nicer)

Considerações sobre o uso de substâncias tóxicas nos materiais

Em alguns casos não é possível, com a tecnologia existente hoje, evitar totalmente a presença de toxicidades nos materiais. É o caso de substâncias que não podem ser simplesmente banidas do produto, porque elas são importantes para o desempenho ou segurança. Por exemplo, algum tipo de retardantes de chama deve ser aplicado em produtos elétricos; soldas são necessárias em componentes eletrônicos; aditivos aumentam a durabilidade dos plásticos.

Quando o risco não pode ser eliminado totalmente, o designer pode balancear perdas e ganhos para empregar o mínimo possível dessas substâncias.

O balanço do impacto da substituição de materiais deve considerar também outros aspetos ambientais. Por exemplo, um novo material pode ser menos tóxico, porém gastar mais energia na produção, podendo ser, portanto, mais impactante.

Além das substâncias tóxicas, que emitem algum grau de toxicidade regularmente, existem também as Substâncias Perigosas, que podem emitir toxicidades, por vezes até elevada, mas somente em determinadas circunstâncias. Este é um tipo de impacto difícil de ser mensurado, porque essas substâncias representam um risco em potencial, não um impacto direto e certo. Ou seja, se o risco for bem trabalhado, não ocorre impacto algum. Por exemplo, solda em produtos eletrônicos contém chumbo, um metal pesado. Não há nenhum impacto ou risco durante o uso, porém, no fim de vida do produto, o chumbo pode contaminar lençóis freáticos, se descartado de forma inadequada. Já se for adequadamente encaminhado, o risco é eliminado e o material reciclado.

Existe uma perspectiva de melhoria constante no tratamento dos descartes, ou seja, um percentual cada vez maior dos produtos terá um fim de vida adequado. Mesmo assim, de um modo geral, recomenda-se tratar Substâncias Perigosas como um impacto ambiental, porque mesmo nos países mais desenvolvidos a taxa de reciclagem está muito distante de 100%.

Toxicidade em materiais sintéticos e naturais

Muitas pessoas tendem a crer que materiais sintéticos são sempre tóxicos e materiais naturais nunca são. Infelizmente isso nem sempre é verdade. Pó de madeira, por exemplo, pode ser muito prejudicial à saúde quando inalado, e alguns tipos de madeiras, como jacarandá, peroba e cedro, podem provocar eczema em algumas pessoas apenas pelo contato com a pele. Por outro lado, um material sintético pode ser completamente inerte e inócuo.

As decisões de projeto devem ser tomadas com bases científicas, entretanto, a percepção do consumidor deve ser levada em consideração. As pessoas compram com bases emocionais, não técnicas.

Materiais e componentes que empregam substâncias tóxicas e perigosas

Substâncias tóxicas e perigosas estão presentes em diversos materiais e componentes que fazem parte da vida do homem moderno. A tabela 1 apresenta algumas substâncias tóxicas mais comuns e os materiais e componentes onde costumam ser encontradas.

Se seu produto utiliza alguns dos componentes ou materiais listados na tabela, consulte seu fornecedor para confirmar a presença ou não da substância e a concentração. Para os casos onde ainda não existem alternativas, normalmente existem especificações de limites seguros.

Substância	Materiais nos quais pode ser encontrada	Componentes nos quais pode ser encontrada
Chumbo	• Combustíveis, como aditivo. • Tecidos, como corante. • Metais, como revestimentos. • Soldas.	• Tanques e tubulações, como cobertura. • Baterias. • Aparelhos eletrônicos. • Lâmpadas fluorescentes.
Mercúrio	• Tintas, como corantes e pigmentos. • Poliuretano, como aditivo.	• Equipamentos elétricos e eletrônicos. • Instrumentos de controle, como interruptores. • Termômetros. • Lâmpadas.
Cádmio	• Ferro, aço, cobre e outros metais, como cobertura de proteção. • Eletrodos de solda. • PVC, como estabilizador. • Tintas, como pigmento (especialmente amarelos). • Níquel, como deoxidante. • Na produção de plásticos, como catalisador e cobertura.	• Baterias recarregáveis. • Cabos e fios. • LEDs, detectores, interruptores. • Motores elétricos.
Arsênico	• Vidro e esmaltes, no processo de produção. • Tecidos, no processo de impressão. • Couro, no processo de curtimento. • Cobre, no processo de produção. • Madeira, como conservante.	–

Substância	Materiais nos quais pode ser encontrada	Componentes nos quais pode ser encontrada
Cromo hexavalente	• Tintas, como pigmentos. • Metais, como cobertura de proteção à corrosão. • Cobre, no processo de produção. • Alumínio, no processo de anodização.	–
Níquel	• Aço inoxidável. • Metais, no processo de cobertura eletrostática. • Alumínio, no processo de anodização.	• Fitas magnéticas. • Baterias recarregáveis. • Instrumentos cirúrgicos e dentais.
Formaldeídos, fenóis e resinas de ureia	• MDF, madeira compensada e aglomerada, como aglutinador. • Fibra de vidro. • Tecidos. • Papel, no processo de • produção.	• Mobiliários. • Alguns tipos de pisos.
Solventes orgânicos clorídricos	• Tintas, como solvente e redutor. • Plásticos, como solvente. • Resinas, como solvente. • Colas.	–

Tabela 1

Onde costumam ser empregadas algumas substancias perigosas mais comuns [7] [10].

Aspectos econômicos

Além de impactantes, as substâncias tóxicas frequentemente são muito caras, portanto, evitá-las significa também redução de custos.

Somado a isto, o consumidor pode ficar reticente quando descobre a presença de substâncias tóxicas no produto, ainda que o risco real, para aquela concentração, seja desprezível. Muitas vezes, a única concentração percebida como aceitável para estas substâncias, pelo público geral, é zero. Do contrário, a percepção de valor que o consumidor tem do produto é reduzida.

Classificação de substâncias por toxicidade

Uma forma típica de catalogar as substâncias é dividi-las em três categorias: banidas (também chamada de lista negra), de uso limitado (lista cinza) e de uso livre.

Algumas substâncias estão na lista cinza porque têm um grau moderado de toxicidade, porque podem vir ser proibidas no futuro ou porque têm uma percepção negativa por parte do consumidor. Estas podem ser usadas com moderação, e apenas enquanto não surgirem alternativas viáveis. A título de exemplo, a tabela 2 apresenta algumas dessas substâncias e seus limites legais pela norma da Agência Ambiental Europeia.

Elementos e compostos	Valores limites (mg/kg do total do produto)
Arsênio	2
Cádmio	25
Cromo	25
Cobre	20
Chumbo	30
Mercúrio	0,4
Flúor	100
Cloro	600
PCP (Pentaclorofenol)	5
Alcatrão	0,5

Tabela 2
Exemplo de substâncias de uso limitado, pelas normas da Agência Ambiental Europeia [11].

2

Especificar materiais de baixo conteúdo energético

Materiais podem impactar não apenas com toxicidades, mas também com o consumo de energia para sua extração ou beneficiamento.

Como selecionar materiais de baixo conteúdo energético

Algumas dirertrizes gerais para a seleção de materiais de baixo conteúdo energético:

> **Dê preferência a materiais de baixo conteúdo energético, ou seja, cuja produção não seja intensiva em energia, como a madeira certificada.**
>
> **Caso seja necessário especificar materiais intensos em energia, use apenas nos componentes onde suas propriedades sejam necessárias.**
>
> **Pesquise também qual variante consome menos energia: há diversas ligas de aço, de alumínio, diversas composições de MDF etc.**
>
> **Quando for inevitável especificar materiais intensos em energia, especifique reciclados, que costumam exigir muito menos energia na sua produção do que o mesmo material virgem.**
>
> **Nestes casos facilite também a reciclagem ao fim da vida útil: não misture com outros materiais, preveja a fácil desmontagem e separação**

(vide estratégias 18 Projetar para Separação e 21 Projetar para Reciclagem).

Considere todo o Ciclo de Vida do produto. Alguns materiais consomem menos energia, mas duram menos, ou tem uma qualidade inferior.

Material de baixo conteúdo energético
O berço Fossil Free Creb, da empresa Frolic, é produzido sem uso de combustíveis fosseis em nenhuma etapa do ciclo de vida. Para isso, a empresa seleciona parceiros que só empreguem energia renovável em seus parques industriais, usa veículos elétricos na distribuição e materiais de baixo conteúdo energético, processados sem uso de combustíveis.

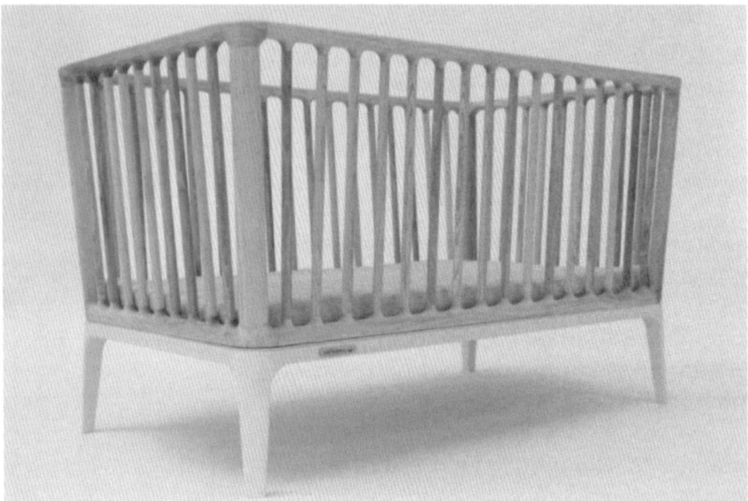

(Yvonne Witte)

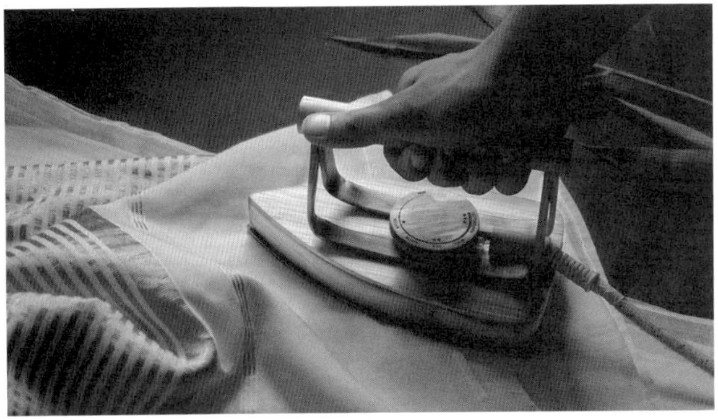

(Saksham Mahajan)

Material de baixo conteúdo energético
Metais podem ser substituídos por materiais menos intensos em energia. Este ferro de passar roupa premiado, projeto de Saksham Mahajan, emprega madeira na maioria dos componentes.

(Nir Meirii)

Material de baixo conteúdo energético
A cúpula da luminária Desert Storm, de Nir Meirii, é produzida com areia, um material abundante, de baixo custo, cuja extração e beneficiamento consomem pouca energia e não emite toxicidades.

Material de baixo conteúdo energético
O cartão ondulado, muito usado em embalagens, frequentemente é lembrando por ser reciclado e reciclável. Mas ele também apresenta outras qualidades, como exigir pouca energia para seu beneficiamento e manufatura.
Pode ser empregado em outros produtos, como mobiliários, principalmente se for estruturado de forma eficiente com vincos e dobras.

O conteúdo energético de materiais reciclados

O uso de materiais reciclados não apresenta benefícios ambientais apenas por poupar extração de matéria-prima e reduzir o descarte, mas também por poupar energia, pois seu beneficiamento consome muito menos energia do que materiais virgens. A título de exemplo, a tabela 3 apresenta uma comparação entre alguns dos materiais mais usados.

Material Reciclado	Joules	Material Virgem	Joules
Vidro	6.330	Vidro	8.435
Alumínio	10.543	Alumínio	19.200
Papel	2785	Papel	21200
Termoplástico HDPE	12.650	Termoplástico HDPE	92.800

Tabela 3
Energia gasta para beneficiamento de material virgem x material reciclado [9]

3

Especificar materiais renováveis

Como regra geral, priorize sempre materiais renováveis, como madeiras, papel, algodão, lã e couro, e evite materiais não renováveis, especialmente os em via de esgotamento. A maioria dos minérios utilizados pela indústria moderna estará exaurida na natureza ainda neste século.

É importante lembrar também que nem sempre um material natural é menos impactante para o meio ambiente. Em alguns casos, criar uma forte demanda sobre um material natural renovável estimula o cultivo maciço deste, que destrói matas nativas, reduz nichos alimentares e provoca desaparecimento de espécies.

Como especificar materiais renováveis

Como regras gerais:

Prefira materiais renováveis, como os de origem vegetal e animal.

Dentre esses, priorize os que existam em abundância na natureza.

Ao especificar material renovável, compare a demanda que será criada e o ritmo de renovação da espécie.

Quando não for possível evitar, especifique materiais não renováveis com cuidado. E, neste caso, estimule a reciclagem, empregando soluções de projeto que a viabilizem.

Materiais renováveis e abundantes
O bambu, além de baixo conteúdo energético, é um material renovável de rápido crescimento e abundante em várias partes do mundo, com diversas aplicações interessantes, como na premiada cadeira Lattice chair, de Chen kuan cheng.

(Chen kuan cheng)

(Wall arts)

Materiais renováveis e abundantes
Os painéis de revestimento de parede da empresa Wall Arts são produzidos a partir do bagaço de cana de açúcar, um resíduo fibroso, compostável e biodegradável. Com até três colheitas por ano, a cana é uma das fontes mais renováveis disponíveis.

(NOS Design)

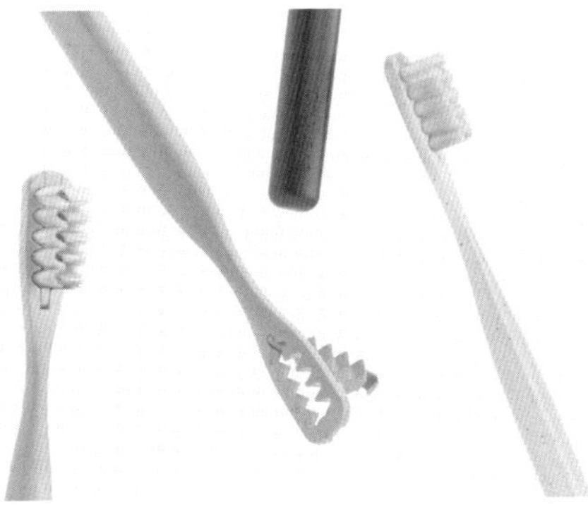

Materiais renováveis e abundantes
A escova de dente Everloop Cepillo, da NOS Design, emprega fibras de bambu para as cerdas. Além do baixo impacto deste material, as cerdas podem ser trocadas regularmente e o cabo reusado.

Como especificar madeiras

A madeira é um material renovável, mas o consumo de algumas árvores, em um ritmo mais acelerado do que a capacidade de renovação, provoca sua extinção. É comum, tanto na indústria moveleira como construção civil, a ocorrência de "modismos" quanto à especificação de certas espécies, como o jacarandá, carvalho e mogno. Essas madeiras são exploradas até o limiar da extinção, quando a dificuldade de achar novos exemplares leva a um aumento do preço, o que cria demanda por outra espécie, e o ciclo se repete.

Outras espécies, mesmo tendo qualidades semelhantes às apresentadas pelas madeiras mais procuradas, não são especificadas no projeto, o que gera uma concentração no corte em um leque pequeno de opções. Frequentemente este desequilíbrio ocorre por mero desconhecimento do projetista, que seleciona sempre o que já está acostumado.

Neste cenário, várias árvores brasileiras entraram na lista de espécies vulneráveis ou sob risco de extinção. A seguir uma lista resumida dos espécimes muito usados e sob risco: [8]

Mogno,
Cerejeira
Jequitibá,
jacarandá da bahia,
Pau-amarelo,
Canela preta,
Imbuia,
Garapeira,
Cedro-rosa,
Itaúba,
Castanheira,
Jatobá-pequeno,
Angelim-pedra-amarelo,

Braúna,
Ucuúba,
Cedro-vermelho,
Pau-roxo,
Bicuíba,
Canela-sassafrás,
Pau-Brasil,
Araucária,
Ipê-peroba.

Como diretrizes gerais:

> **Especifique sempre madeira certificada por órgão independente e confiável, para garantir que esta foi obtida respeitando o ritmo natural de renovação, com proteção à biodiversidade, às espécies nativas, às áreas ribeirinhas, mananciais, comunidades locais.**
>
> **O uso de madeira de reflorestamento costuma ser uma boa opção, mas deve ser analisado com cuidado porque, se por um lado evita a derrubada de florestas nativas, por outro pode reduzir a biodiversidade, já que as empresas geralmente plantam apenas as variedades de árvores de crescimento rápido.**

Ao especificar madeira certificada, o projetista também ajuda a criar um mercado, o que estimula que outras madeireiras solicitem a certificação e, portanto, empreguem métodos sustentáveis na sua produção.

Como especificar papéis

Outro material renovável muito empregado é o papel. Como regras gerais:

Especifique papel reciclado para aplicações menos nobres.

Para impressão em que a qualidade é importante, especifique papel primário de fornecedor com certificação de procedência das matérias--primas e processos de manufatura limpos.

Considere o uso de papel corrugado em embalagens, como substituto de espumas de plástico nos materiais de amortecimento. Esse material é composto principalmente de papel reciclado e pode ser reciclado mais algumas vezes antes do fim de sua vida útil.

Aproveite a possibilidade que este material oferece de dobras e vincos para estruturar e, assim, otimizar o uso.

Além das aplicações tradicionais em embalagens, existem experiências bem sucedidas de aplicação deste material em mobiliário, no lugar de matérias-primas virgens, não recicláveis ou intensas em energia.

Ao especificar este material cuidado em aplicações onde ocorra contato com água, umidade ou risco de fogo.

Como especificar algodão, lã e couro

Estes materiais renováveis de origem vegetal e animal tem uso intenso na indústria do vestuário. Algumas diretrizes para sua especificação.

A cultura do algodão é uma das mais intensas em agrotóxicos, por isso prefira sempre algodão de produção orgânica.

A lã, embora seja de origem animal, também pode estar relacionada a uso de substâncias tóxicas. Em muitos países é comum o emprego de pesticidas fortes para lavagem das ovelhas. Verifique com o fornecedor.

No caso do couro, o risco ocorre no processo de beneficiamento, que frequentemente emprega substâncias perigosas, como Cromo, Arsênico, Cádmio e Chumbo. Verifique com o fornecedor os níveis destas substâncias.

Outro possível impacto da produção do couro é a criação do animal. Prefira fornecedores cujo gado tenha sido tratado de forma não dolorosa.

4

Especificar materiais recicláveis

Muitos materiais ditos recicláveis não o são na prática, pois seu processo de reciclagem é tão difícil ou dispendioso que se torna inviável. Para que o material seja reciclado ao fim da vida útil, não basta a reciclagem ser possível tecnicamente, também é preciso que seja viável economicamente.

Sob este ponto de vista, os materiais podem ser classificados em facilmente recicláveis, moderadamente recicláveis ou não recicláveis. Os facilmente recicláveis geralmente não perdem qualidade ao longo dos vários ciclos e têm baixo custo de logística reversa e reprocessamento, em qualquer localidade. Os materiais de reciclabilidade moderada são aqueles que perdem qualidade (e, portanto, valor) ao ser reciclado, ou cuja logística reversa e reprocessamento sejam dispendiosas. Desta forma, serão reciclados apenas sob condições especiais, ou apenas em algumas localidades. Os não recicláveis são aqueles cujo reprocessamento e logística são tão complexos ou a perda de qualidade tão intensa que a reciclagem é inviável, em qualquer circunstância.

Os metais, por exemplo, costumam ser reciclados infinitas vezes sem perda de qualidade e seu elevado valor torna a reciclagem economicamente viável praticamente em qualquer lugar. Papéis podem ser reciclados até certo ponto; o processo quase sempre é viável economicamente, mas há uma ligeira perda de qualidade a cada ciclo. Alguns plásticos podem ser reciclados, mas há perda de qualidade e, por vezes, o valor obtido não paga os custos de retorno, separação e reciclagem.

Neste capítulo serão abordadas diretrizes de reciclagem relacionadas à fase inicial do Ciclo de Vida do produto, ou seja, diretrizes para a seleção de materiais recicláveis. O tema reciclagem será abordado novamente no capítulo 21 Projetar para a Reciclagem, no qual serão tratadas diretrizes de reciclagem para a fase de Fim de Vida do produto.

Como especificar materiais recicláveis

Algumas diretrizes de projeto a seleção de material reciclável:

Selecione materiais facilmente recicláveis, com tecnologias de reciclagem eficientes, e infraestrutura, logística e mercado estabelecidos.

Verifique se o material costuma ser reciclado na região onde será comercializado.

Levante junto as recicladoras as condições que exigem (quantidade mínima, regularidade do fluxo, grau de pureza) para saber se o material supostamente reciclável será de fato reciclado.

Evite materiais compósitos e laminados, por exemplo, a fibra de vidro, que geralmente não são recicláveis porque são difíceis de separar.

Quando possível, especifique um único material para o produto todo.

Se não for possível no produto todo, utilize apenas um tipo de material em cada subcomponente, em uma estrutura modular.

Quando não for possível especificar um único material, avalie a possibilidade de especificar materiais compatíveis entre si.

Produto em um único material, reciclável
Mobiliários é um dos segmentos em que os produtos normalmente podem ser manufaturados em um único material, reciclável.

Produto em um único material, reciclável
O papel reciclável, tem uma infraestrutura de coleta e reciclagem em qualquer região, além de ser resistente e de baixo custo. Há várias experiências bem sucedidas de aplicação em outros produtos além das embalagens, por exemplo, em mobiliários.

Materiais com infraestrutura e logística de reciclagem
Considerada uma das embalagens mais bem sucedidas da história, a lata de alumínio é também um bom exemplo de produto reciclável. Emprega apenas um único material, que pode ser reciclado inúmeras vezes sem perda de propriedades, e existe logística reversa de coleta, transporte e processamento em quase todo o mundo.

Compatibilidade entre plásticos

O ideal é não misturar diferentes plásticos. Quando for impossível, procure pelo menos especificar plásticos razoavelmente compatíveis entre si. A tabela 4 apresenta o grau de compatibilidade entre alguns dos plásticos mais usados. A numeração indica o grau de compatibilidade, variando de 1, ótima compatibilidade a 5, incompatível; 6 significa temperatura de trabalho incompatível.

	ABS	EPDM	NBR	PA	PBT	PC	PE	PEEK	PES	PET	PMMA	POM	PP	PS	PVC	SAN	SBR
ABS		5		4	4	3	5	6	6	5	1		5	5	2	1	3
EPDM			5	5	5	5	4	6	6	5	4			5	5	5	5
NBR	5	5		4									4	4	4	4	
PA	4	5	4		5	5	5	6	6	4	5		5	5	6	5	4
PBT	4	5		5		2	5	6	6	3	5	4	5	5	6	5	5
PC	3	5		5	2		5	6	4	2	2		5	5	6		5
PE	5	4			5	5		6	6	5	5	5	5	5	5	5	5
PEEK	6	6	6	6	6	6	6		2	6	6	6	6	6	6	6	
PES	6	6		6	6	4	6	2		5	6	6	6	6	6	6	
PET	5	5		4	3	2	5	6	5		5	6	5	5	6	5	5
PMMA	1	4		5	5	2	5	6	6	5		4	5	3	1	1	5
POM					4		5	6	6	6	4				5		
PP	5		4	5	5	5	5	6	6	6	5			5	5	5	5
PS	5	5	4	5	5	5	5	6	6	5	3		5		5	5	
PVC	2	5	4	6	6	6	5	6	6	6	1	5	5	5		3	4
SAN	1	5	4	5	5		5	6	6	5	1		5	5	3		4
SBR	3	5		4	5	5	5			5	5		5		4	4	

Tabela 4
Compatibilidade entre plásticos

5

Especificar materiais reciclados

Além de especificar materiais recicláveis, que poderão vir a ser reprocessados ao fim da vida útil do produto, especifique também materiais reciclados, de preferência pós-consumo.

O uso de materiais reciclados, além do ganho ambiental direto, também ajuda a criar uma demanda que estimula economicamente o mercado de matéria-prima reciclada, reduzindo os custos e estabelecendo um círculo virtuoso.

Muitos dos materiais normalmente empregados na indústria já são fornecidos em uma combinação de material virgem com reciclado, ou seja, raramente se encontra um material 100% virgem, da mesma forma que raramente se encontra material 100% reciclado. O percentual varia em função do tipo de material e das propriedades desejadas. Como especificar materiais reciclados

O ideal é especificar materiais reciclados e recicláveis. Isso nem sempre é possível, porque o material reciclado pode sofrer perda de qualidade progressiva (processo também conhecido como downcycling), de forma que não possa ser reciclado outra vez.

Como especificar materiais reciclados

Como diretrizes gerais:

Utilize o percentual máximo possível de material reciclado, sem comprometer a qualidade.

Quando possível, aproveite as características originais do material reciclado em seu projeto, como cores, texturas e acabamentos, e use isso como uma qualidade do material. Por exemplo, papeis reciclados têm uma coloração e textura típicas que podem ser bem aproveitadas esteticamente.

Plásticos reciclados perdem propriedades. Nestes casos podem ser especificados para componentes internos, que não tenham funções estéticas nem estruturais, e não necessitem de alta tolerância dimensional, qualidades mecânicas ou higiene elevada.

Ao procurar fornecedores de materiais reciclados, não avalie somente o preço e qualidade, mas também volume e possíveis sazonalidades na disponibilidade.

Tecnologias de impressão 3D abrem novas possibilidades de uso de material reciclado. Avalie aplicar em seu projeto.

Utilizando o percentual máximo de material reciclado
O PET é um poliéster. Assim garrafas de refrigerante podem ser recicladas transformadas em fios e usadas na indústria têxtil, combinados com algodão.

(De Vorm)

Utilizando material reciclado
A cobertura da cadeira Nook, projetada por Johan van Hengel para a De Vorm, é produzida com um feltro fabricado a partir de garrafas plásticas recicladas. É macio, durável, reciclado e reciclável.
A forma como o tecido é produzido gera peculiaridades que torna cada produto único.

Uso de material reciclado em impressão 3D

A tecnologia de impressão 3D abre um universo de possibilidades para reciclagem de material termoplástico. O projeto conceitual The New Raw, por exemplo, desenvolvido pela Aectual e TU Delft, emprega resíduos de plástico para produção de móveis públicos, com estética marcante que explora as possibilidades do processo de impressão.

Aproveitando cores e texturas do reciclado

O Vaso Back to the Nature, de Andrea Mangone, é produzido em polietileno de alta densidade (HDPE) reciclado. Para produzir essa textura, o material recolhido é separado com base em sua cor, triturados em pequenos pedaços e moldado por compressão. Como resultado, cada peça é única, e podem ser obtidas variações infinitas de textura e cor.

(Andrea Mangone)

Utilizando o percentual máximo de material reciclado
Móveis em alumínio costumam empregar em torno de 80% de material reciclado pós-consumo.

Limitações dos materiais reciclados

Alguns materiais perdem parte de suas qualidades quando são reciclados, outros mantêm as mesmas propriedades da matéria-prima virgem.

Os metais normalmente podem ser reciclados um número ilimitado de vezes sem perder a qualidade, e geram alto impacto nas fases de extração do minério e beneficiamento. Por isso, mais do que qualquer outro material, é importante especificar material reciclado quando se trata de metais.

De forma semelhante, o vidro também costuma ser reciclado inúmeras vezes sem perda da qualidade.

O papel pode ser reciclado algumas vezes até que as fibras fiquem fracas a ponto de inviabilizar uma nova utilização. Por outro lado, este material pode ser reprocessado em quase qualquer lugar e a baixo custo, o que não ocorre com metais e plástico, que exigem uma infraestrutura industrial mais complexa para seu reprocessamento.

Os plásticos têm uma reciclagem mais limitada, porque normalmente ocorre perda de qualidade logo no primeiro ciclo. Um polímero virgem possui uma cadeia de moléculas longa, mas cada vez que é refundido, a cadeia se desfaz em pedaços menores. Por isso, geralmente perdem resistência, além de brilho e transparência, ao serem reprocessados.

No caso dos plásticos também são necessários cuidados que encarecem o processo. Primeiro, uma rigorosa separação por tipo de polímero, depois, uma limpeza cuidadosa, retirando colas, graxas, sujeiras. Nas aplicações em que higiene é uma das exigências, como embalagens de alimentos, embalagens de remédios, alguns brinquedos, o plástico reciclados costuma ser proibido, pela dificuldade de assegurar a total pureza do materiais. Para estes casos há a possibilidade do uso de material laminado, em que a camada central é composta de plástico reciclado e as externas de material virgem.

6

Especificar materiais com impacto social positivo

O desenvolvimento sustentável pressupõe não apenas a sustentabilidade ambiental, mas também econômica e social do negócio.

Qualquer empresa provoca impactos diversos na região onde opera, gerando tanto benefícios como malefícios no entorno. O parque fabril vai gerar empregos e impostos, mas também poluição, ruídos e consumo de energia. Os materiais que a empresa consome nos seus processos também irão impactar pessoas, de forma positiva e negativa, e com raio de ação ainda maior.

Cuide para que estes impactos sejam, sempre que possível, positivos, gerando bem estar nas pessoas atingidas.

Como promover impactos sociais com a seleção de materiais

Algumas diretrizes de Ecodesign para gerar impactos positivos por meio da especificação dos materiais do produto:

> **Utilize o poder de compra de sua empresa (ou de seu cliente) para promover comércio justo e fortalecer pequenos fornecedores.**
>
> **Prefira materiais locais. Assim a empresa estimula a economia e gera empregos, contribuindo para o desenvolvimento da região. A especifi-**

cação de matéria-prima da região também reduz o impacto da distribuição.

Especifique materiais oriundos de arranjos locais de reciclagem. Para isso, estude possibilidades de aplicação dos materiais normalmente recolhidos na região.

Neste caso, verifique se o volume será suficiente para atender a demanda da empresa e verifique possíveis sazonalidades no fornecimento.

Avalie também a possibilidade de envolver grupos de catadores para recolha e reciclagem do seu produto. Forme acordos de parcerias com cooperativas e associações de catadores locais para desenvolver formas inovadoras de retorno do produto de sua empresa.

Arranjos locais de reciclagem

Fibra de coco pode ser empregada em substituição às espumas de poliuretano, ou como carga na injeção de produtos como copos e canecas. São descartados dois bilhões de coco por ano, distribuídos em quase todas as regiões do país. Um uso mais intensivo de sua fibra beneficiaria catadores em diversas localidades.

Materiais locais

Alguns fabricantes já iniciam o desenvolvimento dos produtos partindo da premissa que empregaria apenas materiais de fornecedores locais. Um exemplo é a Blue Line Office Furniture, que fabrica mobiliários com materiais da região. Sua política de relacionamento também inclui estimular a criação de redes de atores em cada local de venda para recolha dos móveis usados visando remanufatura, reciclagem e descarte adequado.

Estimule a geração de trabalho e renda na reciclagem
Especificar materiais reciclados gera oportunidades de trabalho nas camadas menos favorecidas da sociedade, justamente os que têm mais dificuldade de encontrar um posicionamento no mercado.

II Estratégias para a fase de Manufatura

Durante o projeto, pense também no processo produtivo e procure influenciar para que este seja menos impactante.

O designer pode influenciar o impacto ambiental de uma fábrica a partir de suas decisões de projeto. Por vezes, uma pequena mudança no produto, como a especificação de outro acabamento superficial, por exemplo, pode tornar uma empresa de poluidora em limpa.

Impactos de diferentes naturezas ocorrem durante a manufatura do produto.

O impacto ambiental dos processos de construção do produto (usinagem, injeção, conformação etc.) costuma ser bem menor do que o provocado pela obtenção do material em si. Portanto, nestes casos, priorize poupar material, evitando desperdícios na produção.

Já os processos de acabamento (cromagem, galvanização, pintura, etc) costumam ser muito impactantes. Portanto, pela ótica ambiental, é sempre interessante evitar o tratamento superficial, tendo como exceção as situações nas quais o tratamento superficial aumenta significativamente a vida útil do produto.

O consumo de energia durante a manufatura, embora não costume ser tão impactante para o meio ambiente quanto eventuais toxicidades, é outro aspecto que pode ser minimizado por meio de decisões de projeto.

Por fim, o designer pode influenciar também na redução de impactos nas atividades paralelas à fabricação, como as relacionadas à administração da empresa e ao próprio projeto.

7

Reduzir toxicidades na manufatura

As decisões que o designer toma durante o projeto, relativas ao processo de manufatura e aos tratamentos superficiais empregados, podem implicar em emissões tóxicas na fabricação, o que põe em risco a saúde dos funcionários e das populações vizinhas, bem como o meio ambiente.

Prefira técnicas produtivas limpas, que exijam menos substâncias auxiliares ou aditivos agressivos ao meio ambiente.

A toxicidade na manufatura pode estar relacionada ao processo de montagem, de processamento do material ou de tratamento superficial dos materiais. Este último costuma ser o principal responsável pelas emissões nas indústrias, uma vez que alguns acabamentos superficiais são extremamente impactantes. Por isso, reveja as diretrizes Como Selecionar Acabamentos Menos Tóxicos, no Capítulo 1 - Especificar materiais Limpos. Mas tenha em mente que níveis seguros de substâncias tóxicas para a etapa de uso podem não ser seguros para a etapa de manufatura, pois na fábrica ocorre uma concentração das substâncias muito superior do que no produto individual. E, além da toxicidade, tratamentos superficiais representam mais uma etapa de fabricação, aumentando os custos, e costumam dificultar a reciclagem ao fim da vida útil.

Como reduzir toxidades na manufatura

Como a maioria das toxicidades da manufatura estão relacionadas aos tratamentos superficiais dos materiais, reveja a estratégia Especificar Materiais Limpos. E acrescente as seguintes diretrizes específicas para toxicidade na manufatura:

Adote processos de união limpos, por exemplo, prefira conformação mecânica e solda à cola.

Quando uso de cola for inevitável, prefira as sem solventes orgânicos, como cola PVAc.

Tintas que secam mais rápido costumam gerar mais emissões, porque a volatilidade é maior. Só as especifique se a maior velocidade for realmente necessária para a produção.

Evite acabamentos superficiais e pintura. Alguns acabamentos são bem tolerados para o usuário final, mas na fábrica a toxicidade é maior pela manipulação de grandes quantidades do material e pela estocagem de substâncias concentradas.

O processamento da madeira, como corte e lixamento, liberam partículas. Neste caso os impactos podem ser minimizados com sistemas de exaustão, filtragem e EPIs

Processos de união limpos
Processos de união de chapas através de conformação mecânica (ou solda) são exemplos de técnicas de fabricação com menos impacto e mesmo desempenho.

Material sem acabamento superficial
Alguns processos, como injeção de plástico, não necessitam de acabamento posterior.

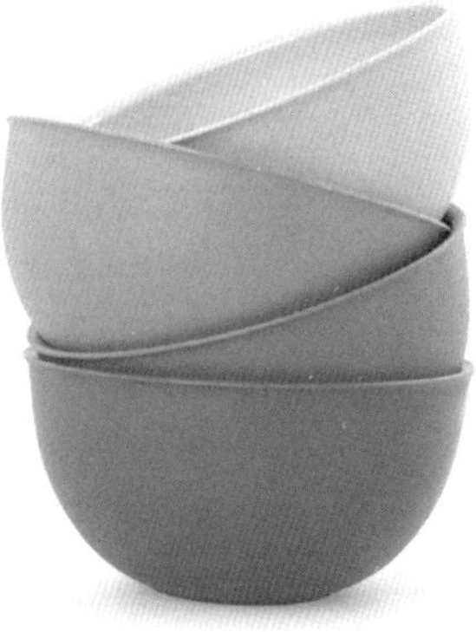

Material sem acabamento superficial
O alumínio pode ser empregado sem acabamento superficial em diversas aplicações.

Tratamentos superficiais em metais

Os processos de tratamento superficial dos metais podem empregar substâncias cancerígenas, perigosas para o sistema reprodutivo, que provocam alterações genéticas ou reações alérgicas.

Emitem toxicidades os tratamentos à base de cádmio, cromo, níquel ou seus compostos. Como colocado anteriormente, o tratamento com cromo ou níquel pode ser tolerado em peças sujeitas a desgaste intenso, quando o impacto do tratamento pode ser compensado pela maior durabilidade do produto. Para estes casos, devem ser empregadas técnicas para reciclar as substâncias químicas na empresa, reduzindo as emissões para o meio ambiente.

Tratamentos em madeira e derivados

Embora seja um produto natural, madeiras e seus derivados (painéis tipo compensado, MDF, aglomerados e outros), podem apresentar toxicidades em várias etapas do seu beneficiamento.

Algumas madeireiras tratam a madeira com inseticidas ou fungicidas já no corte da árvore, contaminando o solo nativo. E todas empregam estes tratamentos na fábrica, onde podem contaminar funcionários e o entorno. Estas são substâncias tóxicas, cancerígenas, perigosas ao sistema reprodutor, provocadoras de mutações e alergias.

Há ainda o risco dos formaldeídos, adicionadas em madeiras brutas, placas de madeira, agentes de união como colas e adesivos. As emissões diminuem com o tempo, portanto quando o produto final chega ao consumidor as emissões costumam estar em níveis seguros. Porém, na fábrica, a presença de matéria-prima recém-adquirida e a grande concentração pode colocar em risco os operários.

Tratamentos e tingimentos de fibras e tecidos

O tingimento de tecidos é outro processo fabril poluidor, especialmente aos rios e mares. Diversos pigmentos e corantes empregam metais pesados em sua fórmula, e a grande concentração provocada pela produção em massa faz com que os descartes das fábricas sejam nocivos ao meio ambiente. É comum encontrar cobre, cromo e níquel nos efluentes deste tipo de indústria.

A Demanda Química por Oxigênio (DQO) nos efluentes dessas fábricas também frequentemente é elevada. Variáveis físico-químicas, como o pH e a temperatura, também pode sofrer alteração, o que pode tornar inviável a vida nos rios próximos às fábricas.

Tintas e pigmentos

As tintas utilizadas na fabricação de produtos, na forma de pintura e acabamento superficial, e na indústria gráfica, na forma de impressos, também impactam o meio ambiente.

A presença dessas substâncias não representa risco para os usuários, mas eles podem provocar impacto no meio ambiente poluindo águas durante a fabricação, ou se tornando um sedimento tóxico nas sobras da fabricação. Também são poluentes no fim de vida se o produto for descartado de forma inadequada.

Outro aspecto ambiental das tintas é a presença de Compostos Orgânicos Voláteis (COV). Tintas com alto valor de compostos voláteis secam mais rápido, o que acelera o tempo de impressão, mas podem ser nocivas para a saúde dos trabalhadores nas gráficas e liberam moléculas que atacam a camada de ozônio.

Entretanto, existe um número crescente de fabricantes que oferecem tintas solúveis em água, livres de solvente, e de baixa toxicidade.

8

Reduzir o consumo de energia na manufatura

Embora normalmente não se trata dos maiores impactos, a redução do consumo de energia na manufatura pode ser um bom caminho para a introdução da ecoeficiência em uma empresa, pois esta estratégia proporciona ganhos ambientais e financeiros simultaneamente, sendo, portanto, de fácil aplicação.

Como reduzir o consumo de energia na manufatura

Avalie sua produção para identificar desperdícios ou perdas energéticas nos equipamentos. Alguns exemplos de cuidados que podem reduzir o consumo de energia na produção:

Reduza o número de etapas no processo produtivo. Assim serão menos equipamentos consumindo energia e menos movimentação de material.

Estude o layout da produção para evitar a movimentação de material desnecessária.

Empregue iluminação natural utilizando telhados transparentes.

Empregue lâmpadas com regulagem ou que possam ser acesas em grupos alternados, para aumentar ou diminuir o uso de iluminação artificial de acordo com a hora e a insolação do dia.

Substitua lâmpadas antigas por modelos de baixo consumo. O investimento inicial se paga em pouco tempo pela economia de energia e aumento da durabilidade.

Empregue energia eólica para bombeamento de água de poços. Como há o armazenamento em caixas de água, a eventual irregularidade dos ventos não costuma ser um problema nessas aplicações.

Obtenha conforto térmico por meios naturais. Estude a direção dos ventos e o posicionamento de janelas de acordo com a circulação natural na região, plante árvores ou inclua um espelho d'água na direção de onde vem o vento para resfriá-lo antes de entrar na empresa.

Use exaustores eólicos ou outras soluções sem consumo energético para exaustão do ar quente em galpões.

Utilize telhas com bom isolamento térmico.

Avalie o borrifamento de telhados com água imprópria para consumo, em circuito fechado, para redução de temperatura em regiões de muita insolação.

Utilize soluções de sombreamento, com anteparos, toldos ou árvores.

Use sistemas solares para aquecimento de água. Mesmo que a temperatura obtida não seja suficiente para o processo industrial, o pré-aquecimento reduzirá o consumo energético.

Reduza o uso de combustíveis fósseis para geração de calor, ou pelo menos use fontes menos impactantes. Por exemplo, use gás natural ou carvão com baixo índice de enxofre para fornos industriais.

Adote sistemas de regulagem flexível da velocidade de motores elétricos, para permitir economia nas diferentes situações de uso.

Dimensione motores de forma adequada, um motor mais potente do que o necessário para uma aplicação irá desperdiçar energia ao longo de toda sua vida útil.

Facilite a manutenção dos motores, a falta de manutenção preventiva muitas vezes aumenta o consumo.

Otimize volumes de compras e estoques, há um gasto econômico e ambiental na construção e manutenção de grandes áreas de estoque.

Motores bem dimensionados e regulados
Motores corretamente dimensionados e regulados economizam energia. Como normalmente duram muito, os impactos ambientais e econômicos da troca de um motor podem ser compensados pela economia de energia ao longo do uso.

Energia renováveis nas empresas
O uso de energias renováveis, como eólica, solar e biomassa, geralmente é mais simples para empresas do que para pessoa física, dado a disponibilidade de espaço, recursos e corpo técnico.

Exaustores eólicos
Existem várias alternativas para provocar circulação de ar sem consumo de energia. Estude sua aplicabilidade em sua região.

9

Reduzir desperdícios na manufatura

Prefira processos de fabricação que provoquem menos desperdícios, principalmente nos casos onde o material represente um alto impacto. Por exemplo, a usinagem da madeira, um bem nobre, provoca desperdícios em sucessivas etapas: no corte da árvore ainda na floresta, na transformação das toras em tábuas de tamanhos padronizados, na transformação das tábuas em mobiliários.

Como reduzir desperdícios na manufatura

Algumas sugestões para reduzir perdas na produção:

> **Selecione o processo de fabricação que reduza ao mínimo o desperdício. Processos como injeção e forja aproveitam quase a totalidade do material, enquanto usinagem e estampagem geram perdas.**
>
> **Estude também as dimensões do produto para melhor aproveitamento do material. Frequentemente pequenos ajustes nas dimensões ou proporções do produto permitem aproveitamento total de chapas, tábuas, perfis etc. eliminando desperdícios.**
>
> **Estude o arranjo das peças na chapa, para melhor aproveitamento do material.**

Estude limites e tolerâncias adequadas para cumprir com a qualidade esperada para o produto. Especificações muito rígidas tendem a aumentar os rejeitos.

Se o material for comercializado em polegadas e o projeto executado no sistema métrico, as diferenças podem provocar desperdícios, se não for planejada.

Escolha processos de acabamento com melhor aproveitamento dos insumos. Por exemplo, pintura eletrostática gera menos perdas que pintura spray. Em qualquer dos casos, não considere apenas o aproveitamento dos insumos, mas também o grau de toxicidade.

Empregue sistemas virtuais, como CAD e impressão 3D, para otimização dos parâmetros dos processos de transformação, reduzindo perdas.

Aprimore a administração e logística para otimizar volumes de compras e estoques. Compras excessivas podem provocar perdas.

A produção agrícola é fonte de muitas perdas, mais do que a indústria. É um segmento em que há pouca atuação de designers, mas soluções inovadoras poderiam reduzir o desperdício no campo.

Aproveitamento total do material
A cadeira Eco Chair, projeto de Peter Karpf para a Iform, é formada por um único pedaço de compensado com duas dobras. Não há sobras ou desperdícios de material.
Foi vencedor do premio IF Ecology Design Award de 2000.

(Iform)

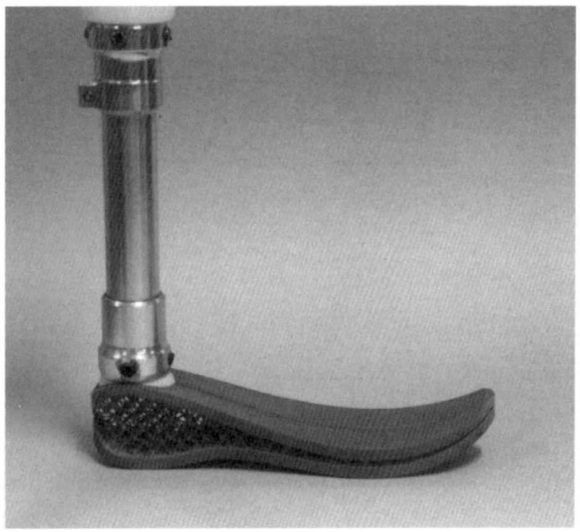

Manufatura aditiva
Processos de produção através de manufatura aditiva aproveitam a totalidade do material, e já são aplicáveis a produtos, além da prototipagem. Este recurso é particularmente útil em produtos personalizáveis ou que precisem ser elaborados sob medida.

Reciclagem interna de sobras e resíduos

Mesmo aplicando estratégias para redução de desperdícios, em alguns processos é impossível zerar as sobras. Nestes casos, procure aproveitar os resíduos e as sobras da produção internamente, organizando um sistema de reciclagem ou empregando em outros produtos. Desta forma, comercialize ou descarte apenas o que não puder ser aproveitado pela própria empresa.

> **Aproveite resíduos internamente, como matéria-prima para outros produtos.**

Reciclagem interna
Este é um exemplo de reciclagem de pequenos pedaços de madeira na própria fábrica. A indústria de mobiliários gera muitos resíduos, que muitas vezes terminavam incendiados. Uma possibilidade é desenvolver outra linha de produto que empregue pedaços pequenos de madeira.

10

Reduzir impactos no projeto e administração

Embora dificilmente seja uma fase de alto impacto, alguns benefícios ambientais e econômicos podem ser obtidos com o uso racional dos recursos na atividade de projeto e nas áreas de administração e gerência da empresa.

Como são diretrizes de fácil aplicação e estão sob influência direta da equipe de projeto, pode ser estratégico iniciar a adoção de políticas de ecoeficiência nestes setores.

Como economizar recursos em atividades de projeto e administração

Procure reduzir os gastos de energia e material nos processos de projeto e administração:

> **Empregue recursos de TI para reduzir a quantidade de matéria gasta no projeto. Utilize sistemas CAD, modelagem virtual, digitalização e impressão 3D.**
>
> **Empregue a informática no arquivamento, comunicação e apresentação de projetos, imprima apenas aquilo que for realmente necessário.**
>
> **Prefira uso de sistemas de teleconferência para reuniões, no lugar de viagens para encontro face a face, de forma poupar tempo, recursos financeiros e ambientais.**

Use luz natural sempre que possível. Telhados transparentes, claraboias e janelas posicionadas para aproveitamento da iluminação natural são algumas das medidas que podem ser adotadas em escritórios.

Da mesma forma que na manufatura, estude soluções naturais para conforto térmico. Sombreamento natural (vegetação) ou arquitetônico (*brize soleil***), ventilação natural, telhas com isolamento térmico.**

Considere também criação de telhados verdes, que amenizam as temperaturas, aumentam a cobertura verde e embelezam. Para isso estude as alternativas de vegetação levando em consideração a região, a estruturação do telhado e risco de infiltração.

Estimule a redução do consumo de materiais como papéis, copos e embalagens na empresa, ou pratique uma política de reuso destes materiais.

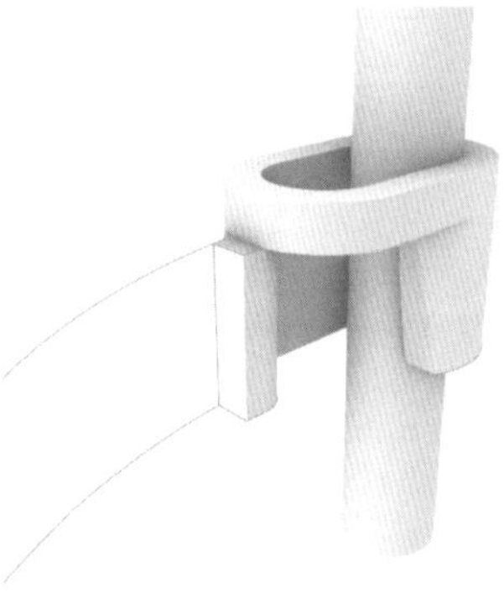

Modelos virtuais
Recursos de renderização permitem avaliação de ideias antes da construção de modelos físicos, reduzindo a quantidade de protótipos construídos. Também facilita o compartilhamento de ideias entre equipes distantes.

Impressão 3D
O uso de impressões 3D poupa recursos na etapa de projetos porque gastam menos material do que métodos tradicionais de protótipagem. Também costumam acelerar o projeto e evitar erros, pois permitem testar várias possibilidades rapidamente.

Teleconferência
O mundo globalizado aumentou muito a quantidade de viagens. Sistemas de teleconferência são soluções mais rápidas, seguras e menos impactante, testadas e aperfeiçoadas durante a pandemia de 2020.

Telhado Verde
Utilizar canteiros de plantas rasteiras sobre a laje ameniza as temperaturas, humaniza o local de trabalho e aumenta a área verde em ambientes urbanos. Essa solução tende a reduzir as temperaturas no verão e manter o calor no inverno.

Soluções de sombreamento com anteparos
Anteparos para o controle da incidência solar podem ser projetados levando em conta a redução de calor, o aproveitamento da luz natural, e as diferentes necessidades de privacidade e de iluminação de cada ambiente.

III Estratégias para a fase de Distribuição

O impacto do sistema de distribuição ocorre várias vezes ao longo do ciclo de vida do produto: do local de extração da matéria bruta até a indústria de beneficiamento; desta até a fábrica onde o produto será manufaturado; da fábrica até a distribuidora; daí até o ponto de venda; da loja até o consumidor; do consumidor até o local de descarte ou reciclagem.

Em cada uma dessas etapas ocorrem diferentes impactos: os relacionados ao transporte, ao armazenamento e às várias embalagens empregadas, desde a embalagem entre fornecedores até as embalagens primária e secundária para o consumidor final.

Designers frequentemente concentram sua preocupação com o impacto das embalagens, porém, frequentemente, o aspecto mais impactante é o transporte. Como regra geral, pense na distribuição como um sistema, para conseguir visualizá-lo como um todo.

Este é um sistema difícil de atuar, porque qualquer ação exige conhecimentos sobre toda a logística e envolve diversos parceiros. Apesar disto, o sistema de distribuição também deve receber atenção dos designers, porque ações nesta fase geralmente produzem resultados rápidos e demonstram para empresa que Ecodesign pode proporcionar ganhos ambientais e financeiros ao mesmo tempo.

Outro aspecto positivo de agir na fase de distribuição é que a aplicação de estratégias de Redução nesta etapa do Ciclo de Vida não coloca em risco a percepção de qualidade do produto, o que pode ocorrer quando a redução é aplicada de forma inadequada ao produto.

Por fim, a fase de distribuição ganha destaque ambiental também devido ao processo de globalização ocorrido nas últimas décadas. Como atualmente os produtos e seus componentes percorrem distâncias maiores que no passado, a distribuição se torna cada vez mais impactante. A relevância será maior nos segmentos mais globalizados da economia, onde a produção fica pulverizada entre diversos fornecedores, cada um em uma região do planeta.

11

Reduzir o peso e volume transportado

Dedique atenção tanto ao peso quanto ao volume ocupado pelas embalagens. É comum o designer se preocupar com o peso, mas, frequentemente é mais relevante reduzir o volume, tanto pelo aspecto ambiental quanto financeiro. É o caso de produtos transportados por via naval, em que geralmente o custo é cobrado por container, independentemente da quantidade de produtos que couberam. A redução no volume da embalagem significa, portanto, mais produtos por viagem, com considerável economia financeira e ambiental.

Como reduzir dimensões e peso da embalagem

Procure reduzir peso e volume ocupado pelas embalagens, para aumentar a densidade do transporte. Para isso, reflita sobre e procure aplicar as diretrizes:

> **Estude o sistema de distribuição como um todo, se necessário discutindo com os vários atores envolvidos. Levante as rotas de distribuição, veículos usados, cuidados na manipulação, necessidades do produto etc.**
>
> **Reduza o tamanho da embalagem para o mínimo necessário dentro do limite a partir do qual a proteção do produto fica comprometida. A embalagem superdimensionada provoca desperdícios (mais material empregado na embalagem, mais peso, mais volume), mas o subdimensionamento também (produtos danificados no transporte por falha de proteção).**

Consiga aumento da densidade do transporte alterando o formato da embalagem para aproveitar melhor o espaço do veículo.

Prefira embalagens secundárias padronizadas, com dimensionamento otimizado para os paletes, veículos e containers que serão empregados. Assim é possível melhorar a densidade de transporte.

Da mesma forma, ao dimensionar a embalagem primária, estude o dimensionamento de todos os demais elementos do sistema de distribuição e da embalagem secundária.

As necessidades de proteção do produto entre a fábrica e o ponto de venda e entre este e a residência do consumidor são diferentes. Por exemplo, considere a possibilidade de vender os produtos em uma grande embalagem coletiva, retornável, com embalagens individuais fornecidas desmontadas, para serem utilizadas apenas quando o produto for vendido para o consumidor final.

Procure obter rigidez a partir de estruturação, podendo assim reduzir a espessura e o gasto de material.

Considere deixar o produto visível utilizando embalagens transparentes. Pesquisas apontam que, em alguns segmentos, embalar muito o produto pode ser contraproducente, porque os transportadores tendem a não ser tão cuidadosos quando não veem o produto. [9]

Caso a embalagem seja importante para dar apelo ao produto, procure conseguir este mesmo efeito através de um design elegante, porém despojado. Empregue material somente onde for realmente útil, evitando adornos desnecessários.

Considere também a possibilidade de a embalagem ser parte integrante do próprio produto.

Além de agir na embalagem, considere a possibilidade de trabalhar a resistência do produto. Assim, além de aumentar a sua durabilidade, será possível também reduzir sua embalagem.

O formato da embalagem aumentando a densidade no transporte
Embalagens com geometrias tendendo ao cubo ou paralelepípedo permitem maior densidade no transporte do que as cilíndricas.

Redução na quantidade de embalagens, embalagens transparentes
Produtos da linha branca, como geladeiras e ar condicionado, podem ser embalados sem a caixa externa, apenas o material de amortecimento e plástico para vedação. Neste segmento, a embalagem não tem um efeito de promoção do produto. E ver o produto faz com que os carregadores tomem mais cuidado, reduzindo as quebras.

Novos arranjos aumentando a densidade no transporte
Em alguns casos uma mudança no arranjo das embalagens pode aumentar a densidade do transporte. O engradado de cerveja Up & Down Box, de Jung, Lee HyoMin, Lim JooYoung, Ryu JaeKeon e So ByungHyun, alterna garrafas de pé e de cabeça para baixo, aumentando a densidade do trabporte. Vencedor de um Red Dot Award de 2013.

Embalagens elegantes e despojadas
Procure dar apelo ao produto com elegância no design da embalagem, não pelo tamanho ou adornos. Esta embalagem de água não usa rótulos, todas as informações estão em relevo ou na tampa.

Como reduzir dimensões e peso do produto durante a distribuição

Além de reduzir peso e dimensões da embalagem, é possível otimizar a distribuição agindo na dimensão do próprio produto. Algumas diretrizes para redução do produto serão apresentadas no Capítulo 23 Estratégias para Redução. Além daquelas, avalie a aplicação de diretrizes específicas para redução do volume e peso do produto durante a fase de distribuição:

Avalie a possibilidade de o produto ser transportado desmontado, cabendo a montagem final para o vendedor ou mesmo para o usuário. Este procedimento reduz custos e impactos no transporte, bem como nos pontos de venda e distribuição. Esta estratégia é particularmente interessante no caso de produtos de grandes dimensões, como mobiliário.

Para isso permita a montagem rápida e fácil fora do ambiente industrial, utilizando junções de fácil manipulação, encaixes que não necessitem de ferramentas ou que utilizem ferramentas simples e de uso comum em ambiente doméstico.

A redução do volume no transporte também pode ser obtida criando partes dobráveis ou compactáveis de outras formas, como componentes telescópicos, infláveis etc. Estas soluções apresentam ganhos para o usuário também, pois facilita mudanças de residência e poupa espaço em moradias pequenas.

Quando for o caso, considere ainda a possibilidade de comercializar o produto concentrado, como acontece, por exemplo, com alguns refrescos e produtos de limpeza. Desta forma o usuário recoloca, no momento do consumo, a água que foi retirada na produção.

Redução do volume do produto no transporte
Esta embalagem de papel higiênico é comercializada com o miolo amassado, reduzindo o volume. Como o produto é muito leve, o gargalo no transporte está no volume, não no peso. Esta solução, sem custos, permite que cada viagem do caminhão transporte até 5% a mais de mercadoria.
Um exemplo de como reduzir o impacto na distribuição em um produto cuja embalagem já é mínima.

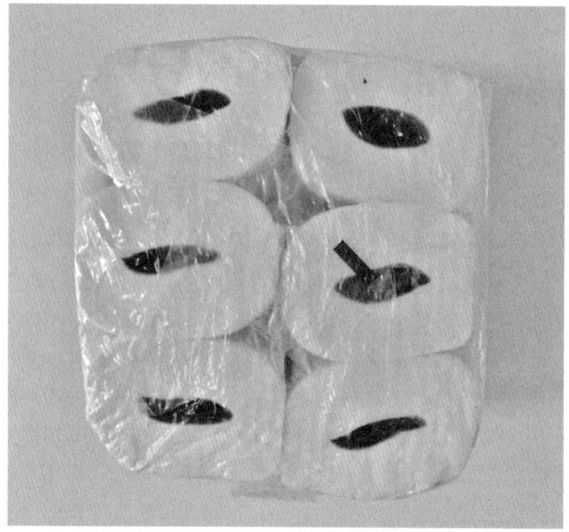

Produtos encaixaveis
A cadeira Mars Chair, de Thomas Missé, é extremamente delgada, pode ser encaixada de forma muito eficiente, ocupando pouquíssimo espaço. Outra forma de poupar espaço na armazenagem e no transporte.

(Thomas Missé)

Produtos dobráveis
Produtos dobráveis reduzem custos e impactos da fase de distribuição e são úteis ao usuário com pouco espaço disponível ou sujeitos mudanças frequentes.

Produtos colapsaveis
Além das soluções tradicionais como estrutura dobrável e pantográfica, também é possivel reduzir o volume do produto de outras formas. O banco Pull Stool, de Benjamin Kicic, por exemplo, é armazenado planificado e se estrutura a partir do tensionamento de um cordoamento interno.

Produtos concentrados
Diversos produtos podem ser comercializados concentrados, como bebidas, produtos de limpeza, de higiene pessoal.
O consumidor adquire o refil e mistura com água em sua residência. Assim a embalagem é menor, mais leve e mais econômica.
Ao designer, cabe projetar soluções para que o processo seja simples, limpo e rápido.

Aspectos mercadológicos

Alguns cuidados devem ser tomados ao reduzir o tamanho da embalagem. Em pesquisas, consumidores costumam afirmar que estão preocupados com o meio ambiente e por isso preferem embalagens menores. Mas em alguns segmentos, esses mesmos consumidores, no momento da compra, optam por produtos em embalagens mais chamativas, sem perceber.

Também é necessário ouvir os parceiros. Grandes cadeias de comercialização podem ter influência sobre a embalagem do fabricante, nem sempre preferindo o modelo menor. Um exemplo é a embalagem tipo *blister*, que costuma ser grande, chamativa, difícil de reciclar e trabalhosa para abrir. Os fabricantes preferem uma embalagem menor, para poupar custos, mas são pressionados pelas grandes cadeias de comercialização, que exigem este tipo de embalagem. Para os comerciantes, essa embalagem é melhor porque é difícil de violar e furtar, além de ser chamativa para o consumidor.

Situação semelhante ocorre com soluções de embalagem retornáveis e comercialização de produtos desmontados. Para viabilizar soluções desta natureza entre em contato com os diversos envolvidos no processo de distribuição do produto (produtor, transportador, distribuidor e consumidor), para estudar em conjunto a viabilidade dessas soluções. Estude, junto com eles, o grau de influência que sua embalagem tem sobre a decisão de compra, e leve em consideração aspectos mercadológicos junto com os ambientais.

12

Reduzir o impacto da embalagem

Além do volume e peso transportado, outros aspectos das embalagens influenciam o impacto ambiental da distribuição.

Embalagens são produtos com Ciclo de Vida extremamente desfavorável. Em alguns casos passam apenas algumas semanas entre a produção, uso e descarte, e vários séculos para ser absorvida pelo meio ambiente.

Para reduzir seu impacto, pesquise, estude, experimente. A embalagem deve ser intensiva em pesquisa e tecnologia, para não ser intensiva em material e energia.

Como reduzir o impacto de embalagens

Entre em contato com os diversos atores envolvidos na distribuição do seu produto, estudando em conjunto a possibilidades alternativas de embalagens. Pense em todo o ciclo de vida, se possível realize alguma forma de ACV (Capítulo Avaliação de Ciclo de Vida).

> **Prefira embalagens retornáveis. Normalmente são transportadas de volta à fábrica no retorno do caminhão que fez a entrega, então o impacto da logística reversa é baixo.**
>
> **Para viabilizar essa solução, assegure a resistência da embalagem para suportar os vários ciclos de transporte e o processo de limpeza.**

Outra possibilidade é a embalagem ser reusável, mas não retornável, para aquisição de produtos a granel. A embalagem seria transportada pelo usuário e abastecida no mercado (vide também estratégia 19 Reuso).

Outro sistema de distribuição relacionado ao reuso é a comercialização de produtos em refil.

Há ainda a possibilidade de a embalagem ser reusável em outra função. Por exemplo, copos decorados, potes, caixas, garrafas. Além do impacto reduzido ao meio ambiente, esta solução pode agregar valor ao produto. Para isso faça a embalagem atraente para que o consumidor sinta desejo de mantê-la.

Quando nada disso for possível, especifique embalagens de material reciclável. Para isso devem ser feitas preferencialmente de um único material (estratégia 4 Especificar Materiais Recicláveis e 21 Projetar para Reciclagem).

Se não for possível empregar um único material, estes devem ser facilmente separados sem necessidades de ferramentas especiais.

Avalie a possibilidade de a embalagem ter seus materiais separáveis em grupos compostos por materiais únicos, não misturados. Por exemplo: todos os elementos de papel corrugado em um grupo, todos os elementos de plástico em outro.

Indique o material empregado em cada parte da embalagem, para facilitar a separação e reciclagem.

A marcação do material pode ser feita de várias formas; de preferência marcação no molde, costuma ser mais econômico e menos impactante.

Informe o consumidor sobre o significado das marcações ambientais e as ações que pode tomar para descartar corretamente a embalagem. Essas informações devem estar na própria embalagem.

Além de reciclável, se possível utilize também material reciclado. Veja com seu fornecedor qual o limite possível de reciclado na composição, tendo em consideração a qualidade do reciclado disponível no local e as especificações que o produto exige (estratégia 5 Especificar Materiais reciclados).

Para decidir o material apropriado para uma embalagem considere também a logística local e os hábitos do consumidor. O alumínio, por exemplo, é uma opção de baixo impacto onde houver reciclagem, mas uma péssima opção onde esta não ocorra.

Para os casos em que nem a reciclagem seja viável, trabalhe para que a embalagem seja degradada naturalmente (veja estratégia 22 Projetar para o Descarte Adequado).

Outra qualidade desejável para o material a ser escolhido é que seja derivado de uma fonte natural e renovável o máximo possível (estratégia 3 Especificar Materiais Renováveis).

Pense também em formas de reduzir o volume de lixo após o uso. Facilite a dobra, rasgo ou amassamento, acrescentando picotes ou linhas de dobra e inclua instruções para orientar o usuário onde e como amassar ou rasgar a embalagem.

Embalagem reusável, produtos em refil
Sistemas de vendas em refil ou a granel são bons exemplos de reuso de uma embalagem, que pode gerar lucro para o fabricante e redução de impacto ambiental simultaneamente.

Embalagem reusável, produtos em refil
Outro forma de estimular o uso de refil é desenvolver dispensers com bomba que utilizem diretamente o liquido do refil, como no projeto Eco dump dispenser, de Bang Ki Ryoul & Junga Kim . Assim, o consumidor não precisa fazer a transferência da embalagem refil para a principal.

Reduzindo o volume
Outra possibilidade de reduzir o volume é usar ar aprisionado como forma de amortecimento. O projeto Air Package, de Julia Hunold, por exemplo, prevê uma embalagem cujo sistema de amortecimento é o ar aprisionado dentro do saco interno. Com isso, há economia de material e de espaço no transporte, já que cada embalagem teria o volume necessário para proteger o produto.

Reduzindo o volume
Insira dobras e vincos que facilitem o amassamento ou rasgamento da embalagem após consumo. Inclua informação ao consumidor sobre como fazer o amassamento.

Embalagem em único material, reciclado e reciclável
O material mais adequado a um produto pode não ser o consagrado pelo mercado.
Água mineral é embalada em plástico há decadas, mas projetos de garrafas em papel reciclável e reciclado foram bem sucedidos, como neste exemplo da Paper Water Bottle.

(Paper Water Bottle)

Considerações sobre embalagens

Como as embalagens têm um ciclo de vida extremamente curto, algumas regras de Ecodesign, como facilitar a separação e marcar materiais para permitir a reciclagem, se tornam ainda mais necessárias e as recomendações ainda mais rígidas do que para os demais produtos.

13

Planejar sistemas de distribuição eficientes

Além de atuar na embalagem e no volume e peso transportado, avalie o sistema de distribuição e os meios de transporte empregado.

Como aumentar a eficiência na distribuição

Para otimizar o sistema de distribuição, avalie algumas considerações:

> **Embora menor que o do transporte, a armazenagem também tem algum impacto ambiental. Reduzir o espaço ocupado e facilitar o manejo dos produtos em estoque reduz impactos e custos.**
>
> **Evite que as compras e vendas da empresa utilizem meios de transporte impactantes, como o aéreo. Transportar um quilo por avião tem o mesmo impacto ambiental de transportar 85 quilos em um trem, 77 em navio e oito em caminhão.**
>
> **Estude a viabilidade de adotar sistemas de entrega na residência do consumidor. Além da comodidade para o comprador, esta forma de comércio impacta menos por vários motivos:**
>
> > **Um único veículo faz a entrega a dezenas de compradores, no lugar de muitos veículos circulando com apenas uma pessoa e suas compras.**

A rota é otimizada, isto é, o veículo segue de casa em casa seguindo uma lógica de proximidade.

O veículo de entregas tem uma eficiência energética maior do que os automóveis particulares.

Sistemas de entregas a domicílio facilitam também o reuso de embalagens. O mesmo veículo que leva o produto na casa do comprador retorna as embalagens vazias.

Outra possibilidade de sistemas eficientes de entrega em domicílio é transportar produtos a granel e abastecer o recipiente do consumidor em sua residência.

Prefira fornecedores locais, para reduzir o impacto do transporte.

Quando o material for tóxico, tenha em mente que a fase de transporte é a que representa maior risco de acidente, portanto nestes casos é ainda mais importante adquiri-los localmente.

Selecione empresas de transporte sediadas no mesmo local de produção e consumo, para evitar a movimentação desnecessária de veículos vazios.

Preveja que a reciclagem da embalagem também possa ser realizada localmente.

Uma possibilidade ainda pouco explorada é aproveitar redes de transporte já estabelecidas aproveitando sua capacidade ociosa fora dos horários de rush. Trens, VLTs, metrôs e ônibus circulam em horários e rotas regulares, poderiam ser usados em sistemas eficientes de distribuição de produtos, a baixo custo.

(Ayelet Fishman)

Aproveitar os meios de transporte já estabelecidos
Existem diversas pesquisas e projetos conceituais para empregar a infraestrutura de transporte público para a distribuição, seja empregando os veículos em horários de pouco movimento ou apenas suas vias. Este conceito utiliza a rede de trens urbanos para a circulação de veículos autônomos de distribuição automatizada.

Sistemas de entrega na residência
O serviço de entregas por assinatura vem se disseminando em diversos produtos, como vinhos, cervejas, cafés. Até mesmo frutas frescas já podem ser adquiridos desta forma. Empresas entregam regularmente um pacote com diferentes tipos de frutas; como a variação das frutas oferecidas respeita a estação, além dos impactos da distribuição, também são reduzidos os da produção.

Reduzir o espaço ocupado no armazenamento
Soluções simples na embalagem podem reduzir custos e impactos da armazenagem e transporte, como pequenas alterações na forma para facilitar o empilhamento e reduzir o espaço ocupado. Por exemplo, o Stackable Bottle, de Yujin Kim, facilita o empilhamento de garrafões de água.

(Roy Tam)

Fornecedores locais
O Banco Trannon, de Roy Tam e David Colwell emprega madeira de rápido crescimento, renováveis e plantadas em fazenda nas proximidades da fábrica. O design é limpo, sem adornos desnecessários. Recebeu quatro prêmios de design e negócios sustentáveis

Fornecedores locais
A produção de alimentos costuma ocorrer muito distante dos centros de consumo. Porém, mesmo nestes casos, há soluções para produção local. Fazendas marinhas de criação de peixes podem ser dispostas na costa, junto a grandes cidades. Esta solução tradicional vem sendo aperfeiçoada para melhor aproveitamento da área ocupada, utilizando as instalações também para o cultivo de vegetais e processamento do peixe. Além de aproximar geograficamente a produção e o consumo, essas soluções apresentam ganhos ambientais ao aproveitar resíduos e sobras de um sistema como insumo em outro, expandir a fronteira agrícola para o mar, evitando pressão nas florestas nativas e aproveitar região com melhores climas e insolação.

IV Estratégias para a fase de Uso

Alguns produtos consomem energia e insumos durante o uso, como água, sabão, papel, tinta, lubrificante. Normalmente são estes insumos, consumidos ao longo de toda a vida útil, os responsáveis pelos maiores impactos que estes produtos provocam. Portanto, para produtos que tenham consumos durante o uso, esta etapa do Ciclo de Vida deve ser a priorizada nos esforços para redução do impacto ambiental.

As medidas tomadas para reduzir gasto de energia e insumos também costumam ser de fácil implementação, porque são bem vistos tanto pelo fabricante quanto pelos usuários. São, portanto, outra boa forma de introduzir o Ecodesign em uma empresa.

Nesta fase do ciclo de vida, nem sempre soluções técnicas, sozinhas, resolvem o problema. Frequentemente é importante saber também como o usuário utiliza o produto, se de forma racional ou com desperdício. Neste caso, mudanças culturais precisam ser estimuladas.

Procure não fazer suposições de como o usuário age, muitos equívocos acontecem quando se procede assim; faça pesquisas com os consumidores. E, após entender seus hábitos, procure criar elementos no produto que estimulem o uso racional dos insumos.

14

Reduzir o consumo de energia no uso

De modo geral, os produtos que consomem energia na fase de uso têm nesta etapa seu maior impacto. No grupo de eletrodomésticos, por exemplo, o consumo de eletricidade costuma representar de 60 a 80% do impacto ambiental ao longo do Ciclo de Vida. Portanto, a prioridade de redesign para produtos que consomem energia é tornar mais eficiente seu desempenho.

Como aumentar a eficiência energética do produto

Existem muitas possibilidades para atuar na redução do consumo de energia do produto:

Inclua controle de potência, para o usuário reduzir o gasto de energia quando o equipamento estiver trabalhando com meia carga.

Incluía sistemas de medição de consumo que informe ao consumidor o gasto no momento.

Preveja que relógios e modos de espera (*stand by***) possam ser desligados pelo usuário, especialmente em situações de inatividade prolongada.**

No manual, inclua informações para consumidor sobre consumo do aparelho em modo de espera e o quanto de energia pode ser poupado caso seja desligado.

Acrescente sistemas de desligamento automático no produto, ou entrada em modo de baixo consumo, após alguns minutos de inatividade. Outra possibilidade é incluir sistema de detecção de presença para desligar o aparelho caso o usuário se afaste.

Preveja que o modo de baixo consumo e o desligamento automático sejam o padrão de fábrica, isto é, que o usuário não precise programá-lo.

Se o produto emprega motores elétricos, vale a pena investir no modelo com melhor desempenho. Geralmente motores não são componentes caros e duram muito, logo uma pequena redução no consumo de energia paga um possível maior custo inicial, ao longo da vida útil.

Facilite a manutenção dos motores, a falta de manutenção preventiva tende a aumentar o consumo.

Se houverem sistemas de transmissão de energia mecânica (engrenagens, correias, reduções) ou elétrica (fiações, interruptores), tenha em mente que esses sistemas também provocam perdas. Estas perdas podem ser minimizadas especificando os componentes com melhor rendimento e tolerâncias mais precisas.

Estude a viabilidade de acrescentar mecanismos para recuperação de energia. No caso de veículos, parte da energia desperdiçada na frenagem pode ser transformada em eletricidade novamente utilizando o próprio motor como gerador. Normalmente estes aproveitamentos têm custo muito baixo comparado com a economia proporcionada.

Priorize a redução de peso nos produtos que devem ser movidos

Consumidores esperam que os veículos sejam econômicos e rápidos, mas, no momento de compra, podem perceber o veículo leve como frágil e optar por um modelo com aparência mais robusta. Uma possibilidade para resolver esta contradição é trabalhar a aparência do produto, para que a leveza não seja interpretada como perda de resistência.

Se for utilizada energia para aquecer ou resfriar, o impacto da energia gasta no uso costuma ser bem maior do que o impacto da produção e do descarte, por isso priorize a eficiência energética acima da Redução. Ou seja, use a quantidade de isolamento térmico que for necessária para alcançar o teto de eficiência, mesmo que signifique aumentar o gasto de material ou mesmo o peso.

Para conservar aquecido, prefira isolantes térmicos a sistemas de aquecimento. Por exemplo, cafeteiras com aquecimento no prato geralmente gastam mais para manter o café aquecido do que para produzi-lo. Substitua o prato aquecido por jarras térmicas, e informe ao consumidor, por meio do manual, o quanto ele estará economizando em energia elétrica.

Procure por sinergias, verifique se é possível o produto ser ligado a outros para poupar energia. Por exemplo, o calor residual de um sistema pode ser empregado em outro.

Selecione a melhor fonte de energia para cada aplicação. Em situações onde é necessário gerar muito calor, como aquecer água de banho ou cozinhar alimentos, gás natural costuma ser menos impactante do que resistências elétricas.

Estude ainda a viabilidade de utilizar energias alternativas e limpas nos seus produtos, como energia solar, eólica e humana (veja a seguir Fontes de Energia menos impactantes).

Prefira uso de baterias recarregáveis no lugar de descartáveis. Estimule seu uso, por exemplo, acrescentando um carregador no produto, ou informando o consumidor, no manual, sobre as vantagens econômicas e ambientais.

Estimule o uso de produtos compartilhados, que costumam gastar menos energia do que vários produtos individuais (veja estratégia 30 Compartilhamento).

Planeje o futuro, alguns sistemas de uso eficiente de energia podem não ser viáveis economicamente hoje, mas podem ser factíveis no futuro. Preveja, então, a possibilidade de o produto sofrer um upgrade ou atualização.

Em qualquer destas ações, estude os hábitos dos consumidores para entender como poupar energia, não faça suposições.

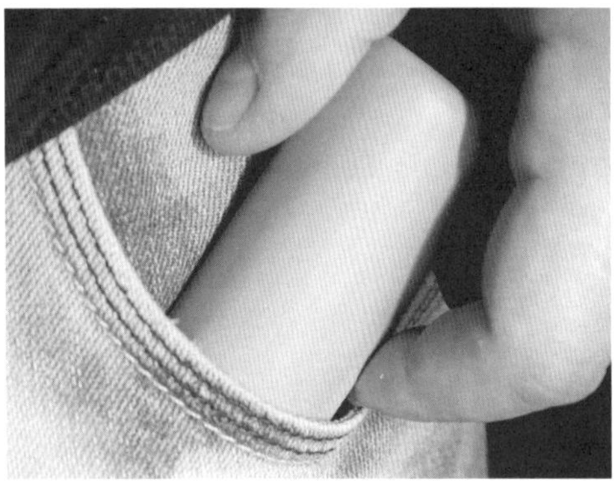

(InfinityPV)

Energias alternativas e limpas: energia solar
A tecnologia de painel solar em manta flexível abre novas possibilidades de projeto, como neste exemplo, o hellion solar battery, da InfinityPV, que pode substituir com vantagem as baterias extras para celular.

Desligamento da função modo de espera
Como a quantidade de aparelhos domésticos com modo de espera (*stand-by*) é grande, o consumo somado não é irrelevante. Alguns produtos já incluem uma chave geral para desligar a função de espera, para os momentos de inatividade prolongada.

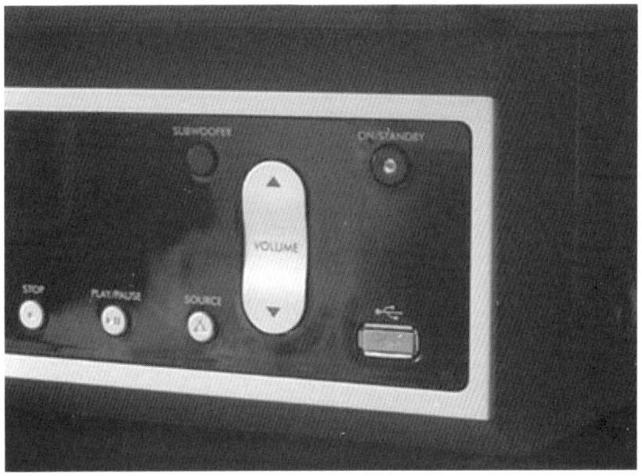

Desligamento da função modo de espera
Outra alternativa seria incluir formas de desligamento automático da função stand by. O projeto conceitual Eco-socket, de Ya-Hui Chi, é uma tomada que automaticamente corta o fornecimento de energia ao detectar baixo consumo por longo período, indicador que o usuário está viajando e o equipamento entrou em stand by.

Controle de potência
Forno e fogão já são equipamentos nos quais se pode controlar a potência necessária, evitando desperdícios. O uso de bocas de diferentes diâmetros também contribui para melhor uso dos insumo. Mas no caso de fogões elétricos, é possível ir além. Alguns projetos conceituais preveem fogões formados por um conjunto de pequenas unidades aquecedoras que podem ser acionadas individualmente, permitindo que o usuario acione aquelas sob a superficie do recipiente a ser aquecido, conforme seu tamanho e formato. Assim se evita perdas com a dissipação de calor para o ambiente e ainda melhora o conforto térmico das cozinhas.

Energias alternativas e limpas: atuação humana
Produtos eletrônicos podem ser alimentados por movimentação humana, que poupam o meio ambiente do descarte de pilhas e ainda proporcionam uma ação lúdica.

Energias alternativas e limpas: atuação humana
Não apenas produtos eletrônicos podem ser acionados por força humana.
Além de reduzir o impacto no ambiente, soluções sem uso de eletricidade também proporcionam mais autonomia ao usuário.

Melhor fonte de energia para cada aplicação
A caixa de som para aparelhos celulares Le Bloc De Pierre , de Huang Chen Hsun, usa apenas as propriedades acústicas do material e da geometria para amplificar o som, sem emprego de eletricidade, pilhas ou outra fonte de energia. Feita em um único material, concreto, é durável, resistente e de baixo custo.

Melhor fonte de energia para cada aplicação
Veículos elétricos apresentam melhor eficiência energética que os a combustível: pode chegar 80%, enquanto os veículos a combustão interna não passam de 40%.
Além disso, usam menos insumos, têm menos componentes, menor número de partes móveis, sujeitas a desgastes, e ainda podem recuperar parte da energia na frenagem.

Desligamento automático com sensor de presença
Muito comum em iluminação, os sensores de presença poderiam ser empregados em outros aparelhos também, como televisores e rádios.

Sistemas de medição de consumo
Muitas vezes basta o usuário ser informado sobre o consumo para evitar desperdícios. Já existem vários equipamentos para medir e informar o gasto dos aparelhos. Um exemplo interessante é o Eco-pulse, de Lim Wan Xuan e Tang Xueling Jane. De uso intuitivo, com uma forma que lembra um estetoscópio, o equipamento reconhece o consumo de aparelhos e transfere os dados para um aplicativo no computador. De posse destas informações, o usuário, além de consumir de forma racional, também pode avaliar se a troca de um aparelho antigo, menos eficiente, vale a pena. Assim, estimula também estratégias de durabilidade apropriada.

Considerações sobre o consumo de energia

Uma das formas mais inteligentes de introduzir Ecodesign em uma empresa é iniciar com estratégias de redução do consumo de energia na fase de uso. Primeiro, porque este costuma ser um dos aspectos de maior impacto. Depois, porque reduzir o consumo de energia costuma produzir melhoras nas vendas também, já que o consumidor entende que está recebendo mais benefícios pelo mesmo valor pago. Os selos que indicam a eficiência energética, obrigatório em vários segmentos, são outro fator para priorizar este aspecto do produto.

Alguns produtos gastam muita energia, mas são usados poucas horas; outros, ao contrário, têm um gasto elevado, mas são muito usados. A Tabela 5 apresenta valores médios de consumo anual, para indicar a relevância da preocupação com o desempenho energético para cada classe de produto.

Produto	Potência média (watt)	Dias de uso / mês	Tempo médio por dia	Consumo mensal
Aparelho som	20	30	4h	2
Telefone sem fio	5	30	24h	4
Computador e Impressora	250	30	3h	23
Ventilador	100	30	8h	24
Ar condicionado 7.500 BTUs	1000	30	8h	240
Chuveiro elétrico	3500	30	40 min	70
Boiler elétrico	1500	30	2h	90
Cafeteira	1000	30	1h	30
Geladeira	300	30	10h	90
Forno elétrico	1000	12	1h	12
Forno micro ondas	1300	30	10 min	13
Lava louça	1500	30	40 min	30
Lava roupas	1500	12	30 min	9
Secadora de roupa	3500	12	1h	42
Secador de cabelo	1000	30	10 min	5
Ferro passar roupa	1000	12	1h	12
Aspirador de pó	1000	30	20 min	10

Tabela 5
Consumo médio mensal em kWh de equipamentos domésticos [12]

A função modo de espera e os relógios digitais são tão frequentes em aparelhos como televisão, micro-ondas e som, que seu consumo já se torna relevante numa residência.

No caso de veículos e de produtos que são transportados frequentemente, a redução de peso é a melhor forma de reduzir seu impacto ambiental e os custos para o usuário. Mas esta medida precisa ser feita com cuidado quando se trata de veículos, porque os compradores podem entender a redução de peso como perda de segurança.

Em produtos eletrônicos, como o consumo não costuma ser alto, a prioridade de Ecodesign deve ser no impacto de pilhas e baterias. Estes elementos estão entre os mais tóxicos produtos descartados no lixo. Encoraje o uso baterias recarregáveis.

Fontes de energia menos impactantes

A decisão sobre a melhor fonte de energia para o produto em desenvolvimento envolve avaliação da potência consumida, da disponibilidade da região e dos riscos envolvidos. Procure avaliar também se soluções alternativas não resolvem a necessidade de energia do produto. O fato de haver uma tendência no mercado não significa que esta seja a melhor; muitas vezes seu uso começou quando não havia tecnologias melhores e se tornou um padrão.

Por exemplo, produtos que usem energia para aquecer e sejam comercializados em regiões de boa insolação podem utilizar energia solar. Produtos eletrônicos também podem alimentados por células fotovoltaicas. Caso a região não tenha luminosidade suficiente, o produto precise de uma quantidade maior de energia ou costume ser usado à noite regularmente, pode ser considerado a alimentação por atuação humana.

A energia gerada por meio da atuação humana é uma solução pouco explorada. Existem diferentes manipulações possíveis para obter energia: girar manivela, apertar gatilho, mover alavanca, pedalar etc.

Usuários normalmente gostam de objetos portáteis e transportáveis, porque se sentem livres de fios. Baterias atendem o desejo de independência, mas de forma parcial, porque podem acabar no momento em que mais se precisa delas. Além disso são pesadas, temem umidade e calor excessivo. Outro problema grave das baterias é o impacto ambiental. Todas têm algum grau de toxicidade, e o sistema de coleta no fim da vida raramente funciona apropriadamente. As recarregáveis são melhores para o meio ambiente, porque seu ciclo de vida é mais longo, mas quando o momento de descarte chegar elas produzirão a mesma toxicidade. Além disso, em algumas regiões do planeta pilhas e baterias ainda são dispendiosas para o poder aquisitivo local, o que limita seu o uso.

Portanto, o mercado para produtos alimentados pela atuação humana pode ser significativo em várias regiões do mundo, e em diversas classes sociais. O consumidor com maior poder aquisitivo pode se sentir atraído pela independência e o aspecto lúdico do acionamento manual, e o de menor poder pela economia.

Em qualquer caso, tenha em mente que mudar a fonte de energia de um produto é uma alteração radical na relação entre usuário e produto, deve ser testado antes com um grupo de usuários típicos do produto para verificar sua aceitação.

15

Reduzir o consumo de insumos no uso

A redução uso de insumos na fase de uso é outra medida fácil de ser implementada, porque geralmente é bem vista pelo usuário e não reduz os lucros do fabricante.

Como reduzir o consumo de insumos

Desenvolva produtos pensando em como reduzir o consumo de insumos ou materiais auxiliares durante a fase de uso. Algumas diretrizes para isso:

Da mesma forma que na energia, inclua controle da quantidade de insumo consumido, para reduzir o gasto quando o produto estiver trabalhando a meia carga.

Preveja o emprego de material reusável no lugar de descartável. Por exemplo, no caso de uma cafeteira, prefira filtro de nylon lavável, no lugar de filtros de papel.

Em bebedouros, não inclua dispenser de copos descartáveis, para estimular uso de copo perene.

Estude a dinâmica da ação do equipamento para melhorar o desempenho e extrair o máximo dos insumos. Por exemplo, teste diferentes geometrias de agitador da lavadora para maximizar a ação do sabão, ou estude a forma do filtro para melhor aproveitamento do pó do café.

Avalie se é possível também o reuso de insumos. Por exemplo, se o produto emprega água, reflita se há algum modo dela ser reutilizada em outra aplicação, por exemplo, regando plantas ou lavando o chão.

Caso seja possível o reuso, estimule este hábito a partir do design.

Reduza a necessidade de emprego de materiais de limpeza e conservação. Especifique acabamentos superficiais que sejam limpos sem necessidade de produtos de químicos, apenas com pano úmido.

Outra forma eficiente para reduzir o consumo é informar o usuário o quanto ele está gastando.

Inclua sistemas com uma dose pré determinada de insumo, onde o usuário tem que aguardar alguns segundos pela reposição.

(Altered Company)

Extraindo o máximo dos insumos
O chuveiro Altered shower, da Altered Company, pulveriza a água em micro gotas, reduzindo o consumo em até 75%, segundo a empresa.

Informando o usuário

Uma forma de poupar insumos é informar ao consumidor quanto ele está gastando, ou pré programar um tempo de uso razoável, após o qual o sistema desliga automáticamente. O chuveiro projetado por Su Mei Xian, por exemplo, o faz de forma intuitiva, apresentando o quanto já foi gasto de água e tempo que ainda dispõe para o banho como uma ampulheta.

Controle da quantidade de insumo consumido

O projeto conceitual de impressora Rolling, de Kim Tae-Jin, pretende economizar papel por meio do uso racional, utilizando papéis em rolo, não em folhas. Assim, é possível gastar apenas a quantidade de papel efetivamente impressa, evitando desperdício.

Sistemas com uma medida pré determinada
Uma solução semelhante é deixar visível a quantidade de água disponível, auxiliando o usuário a controlar o tempo, como na torneira projetada por Yonggu Do, Dohyung Kim e Sewon Oh. Neste caso, se precisar de outra dose, o usuário deve fechar a torneira e aguardar o recipiente encher.

Controle da quantidade de insumo consumido
Descarga de vaso sanitário com dois níveis de vazão já é uma solução tradicional. O custo do produto se paga em pouco tempo pela economia de água. Conceitos semelhantes poderiam ser estudados em outras situações, como em torneiras que desligam automaticamente.

Reduza a necessidade de materiais de limpeza e conservação
Revestimento laminado é um exemplo de acabamento cuja manutenção e limpeza não necessita de ceras, silicone ou verniz. Basta um pano úmido embebido em água e sabão neutro.

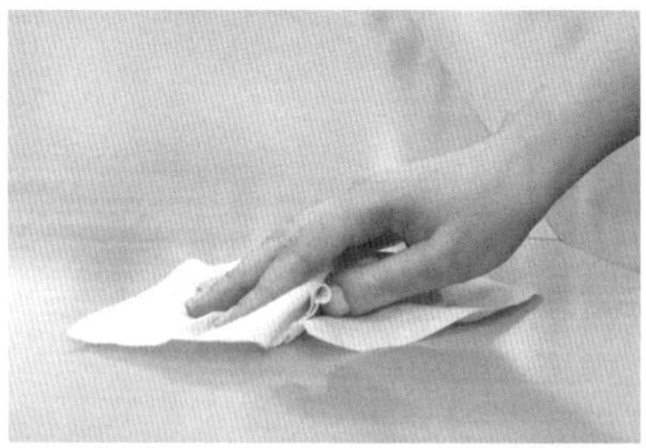

Extraindo o máximo dos insumos
Existem fontes que poupam tinta na impressão sem comprometer a legibilidade.

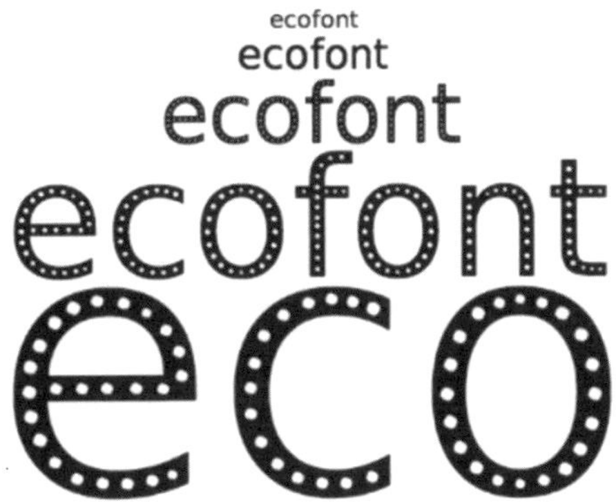

16

Reduzir desperdícios no uso

Além de reduzir o consumo de energia e insumos, o projetista também pode tomar decisões que reduzirão o risco de desperdícios ou gastos acidentais.

Muitos desperdícios ocorrem pelo uso incorreto, por falta de informação ou apenas porque o usuário não tem o hábito de regular o produto para o uso mínimo de recursos.

Procure prever durante o projeto que tipo de desperdício pode acontecer e tome providências para reduzi-los.

O uso incorreto do produto não provoca apenas desperdícios de energia e insumos, mas também pode reduzir a vida útil do produto e gerar insatisfações com o produto levando a descarte prematuro. E pode provocar um desgaste da marca diante do consumidor.

Como evitar desperdícios

Evite desperdícios com medidas simples, como:

> **Cuide para que não ocorram usos incorretos do produto, a partir de design amigável e intuitivo.**
>
> **Inclua instruções claras no manual e, se necessário, no próprio produto.**

Projete de forma que o usuário não desperdice insumos acidentalmente. Por exemplo, preveja entradas para abastecimento largas e bem sinalizadas para evitar derramamento acidental de produtos.

Inclua marcas indicadoras para que o usuário saiba exatamente quanto deve colocar do insumo. Por exemplo, para indicar o nível de sabão nas lavadoras, pó nas cafeteiras etc.

Quando já tiver incluído controle da quantidade de insumo, preveja que o modo padrão de fábrica seja o de menor consumo, para evitar o desperdício. Por exemplo, em impressoras, o modo cópias em rascunho; em lavadoras, o modo econômico.

Inclua sensores para o ajuste automático do consumo às exigências de funcionamento. Muitos consumidores não usam a regulagem, mesmo quando ela existe. Por exemplo, muitos não se lembram de reduzir a potência da geladeira no inverno; sensores de temperatura resolvem este problema, com baixo custo.

Quando não for viável incluir sensores automáticos, incentive o usuário, usando o design, a ajustar a regulagem do produto. Torne os controles mais visíveis, ou inclua informações no próprio produto sobre a regulagem.

Ainda para estimular o uso de regulagens, deixe claro qual opção ou programa é a mais amigável para o meio ambiente, com indicações no manual e, se possível no próprio produto. Informe também os custos financeiros de cada opção para estimular o usuário pela opção de menor consumo.

Preveja formas de permitir que o usuário use o insumo até o final, para evitar desperdícios.

Sensores para o ajuste automático do consumo
Alguns modelos de televisão têm sensores que regulam o brilho automaticamente, em função da luminosidade da sala. Pesquisas apontam que esse recurso economiza até 33% de energia quando comparado aos modelos LCD convencionais.

Modo de menor consumo como padrão de fábrica
Quando houver opções de qualidade e economia, deixe como *default* o modo econômico.

Entradas para abastecimento largas e bem sinalizadas
Crie bocais de abastecimento de insumos grandes, bem posicionados e com marcação de nível, para evitar derramamento acidental e desperdícios.

Permitir que o usuário use o insumo até o final
Soluções simples podem acabar com desperdícios em situações em que isso era hábito. O Continuos Pencil, de Jung Heo e Sa Yoeng Kim, possui um encaixe simples permite o uso do lápis até o final, evitando desperdícios.
O projeto recebeu um prêmio iF Concept Design

Permitir que o usuário use o insumo até o final
Uma solução já tradicional para permitir o uso até o final são as embalagens de produtos viscosos onde a tampa é na base.

17

Projetar para inclusão social

A sustentabilidade pressupõe um equilíbrio entre o bom desempenho ambiental, econômico e social. Portanto, deve ser dada atenção não apenas aos impactos ambientais, mas também os sociais que o produto pode provocar.

Avalie se o produto ou serviço em desenvolvimento pode provocar malefícios, ou provocar segregações como:

Emite ruídos incômodos para a vizinhança?

Provoca algum tipo de dependência orgânica ou psicológica?

Segrega pessoas entre as aptas ou não aptas a usá-lo?

Segrega pessoas entre os que têm e os que não têm acesso ao produto?

Substitui práticas tradicionais mais saudáveis de alimentação, lazer, socialização etc.?

Asfixia representações culturais tradicionais?

Como desenvolver produtos de uso universal

Desenvolva produtos que possam ser utilizados por todos os usuários, inclusive pessoas com deficiência (PCD) e idosos. Desta forma, o produto pode se tornar um pivô de inclusão social, e não de separação. Para isso, considere as diretrizes:

Observe se há aspectos que tornem o produto difícil de ser usado por quem tenha alguma limitação sensorial, motora ou cognitiva, como idosos ou pessoas com deficiência. Busque soluções para resolver estes aspectos.

Priorize o Design Universal no lugar de Tecnologia Assistiva, ou seja, desenvolva equipamentos que todos possam usar ao invés de equipamentos específicos para pessoas com deficiência.

Quando isso não for possível, avalie a possibilidade de uso compartilhado do equipamento de tecnologia assistiva entre a PCD e as demais, auxiliando a socialização e a integração na sociedade e desdramatizando o problema.

Estude a ergonomia e usabilidade do produto para o uso confortável e seguro por todos os usuários, mesmo aqueles com alguma sensibilidade especial.

Levante também os possíveis usos equivocados do produto, inclusive por usuários menos habilitados, como crianças, pessoas com deficiência e idosos, e tome medidas pró-ativas para prevenir os usuários.

Design universal
Este mural eletrônico para eventos e escolas apresenta as informações em texto, imagens, sons, braille e libras. Também é acessível a pessoas em cadeira de rodas. Com isso, um mesmo equipamento atende diversos usuários.

(Sophia Ipy)

Design Universal
Controles remotos de TV foram se tornando mais complexos conforme o produto foi recebendo mais funções. Pessoas com deficiência visual (que também assistem TV) e idosos, encontram muita dificuldade para entender e operar os muitos botões. O Envision Remote, de Sophia Ipy, emprega ícones em relevo fáceis de reconhecer, tornando o produto mais amigável para pessoas com deficiencia, mas também para todos os demais usuários.

Design Universal
O conjunto de pratos e copos Eateasy, de Jexter Lim, tem uma parte flexivel que facilita o uso por pessoas com deficiência visual, mas que também será prático para todos os usuários.

(Jexter Lim)

Design universal
A fechadura V Lock, de Junjie Zhang tem uma guia em “V” para facilitar a introdução da chave. Importante para pessoas com limitações, como idosos, pessoas com Parkinson ou visão limitada, mas prático também para todos os usuários

Uso compartilhado do equipamento de tecnologia assistiva

A Cadeira de rodas infanto juvenil para rúgbi adaptado, projeto do Instituto Nacional de Tecnologia, é um exemplo de uso compartilhado de equipamentos de tecnologia assistiva.

Como o esporte é muito lúdico, crianças sem deficiência, ao ver seus colegas praticando o esporte em escolas, pediam para jogar junto, formando times mistos.

Design Universal

O aspirador Vivo Vacuum, projeto de Alex Worthington, é outro exemplo de produto com soluções que facilitam o uso por pessoas com deficiências ou condições de saúde, mas que também será prático para todos os usuários.

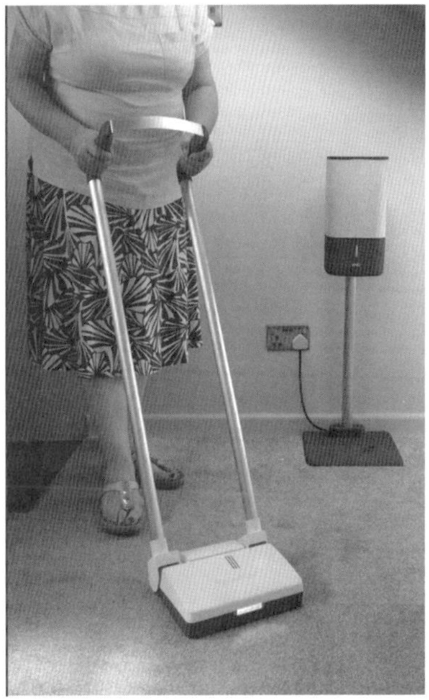

(Alex Worthington)

Como mitigar impactos culturais do produto

A produção em massa influencia e, por vezes, sufoca manifestações culturais locais, empobrecendo não apenas a região atingida, mas toda a comunidade, ao reduzir a oferta e diversidade das representações.

Não permita que o produto de sua produção massificada destrua tradições locais ao ganhar mercado com preços reduzidos, com os quais a produção artesanal não pode competir.

Estimule a preservação das tradições e cultura local, bem como recursos históricos, artísticos e arqueológicos da região. O caminho em direção à sustentabilidade pressupõe a criação de tecnologias e modelos de negócio que permitam o desenvolvimento econômico simultâneo e harmônico com manutenção da diversidade cultural.

Em produtos globalizados o risco é maior, pois a comercialização em culturas distantes pode gerar impactos imprevistos e ignorado pelos projetistas.

Algumas diretrizes para apoiar o desenvolvimento e manutenção da identidade cultural:

Pesquise matérias primas de extrativismo tradicional de manejo sustentável.

Pesquise saberes tradicionais que possam se relacionar com seu produto.

Incorpore, quando possível, componentes artesanais em seus produtos, para estimular a preservação desses conhecimentos produtivos locais.

Extrativismo tradicional de manejo sustentável

Matéria-prima de fontes florestais podem ser adquirida de pequenos produtores locais, que dessa forma conseguem obter seu sustento preservando a floresta.

Essa prática também incentiva a manutenção de saberes tradicionais de beneficiamento e tratamento da matéria-prima.

Utilizando componentes artesanais nos produtos

Diversas empresas, em segmentos como mobiliários, cosméticos ou vestuário, já incorporam elementos artesanais, adquiridos de cooperativas de artesão, junto com elementos industrializados em seus produtos. Dessa forma comercializam um produto com diferencial e geram trabalho e renda para associações de artesãos.

Como desenvolver produtos acessíveis

Muitas pessoas ainda não têm acesso a produtos que podem ser considerados básicos para o bem estar material, e há décadas de uso generalizado em sociedades mais desenvolvidas.

Desenvolver produtos acessíveis a esta camada da população é um dos focos do chamado *Design for the Base os Pyramid*, uma das várias abordagens do amplo leque do Design para Sustentabilidade.

Além dos benefícios sociais, essa abordagem frequentemente é vantajosa economicamente. Com ela é possível descobrir novos mercados, com oportunidades ainda pouco exploradas, no lugar de lutar por espaço nos mesmos mercados cada vez mais disputados.

Procure desenvolver produtos acessíveis economicamente, de forma que as classes menos favorecidas também tenham acesso a produtos com bom design.

Avalie a estratégia de desenvolver linhas mais acessíveis em paralelo com as linhas principais do fabricante.

Crie alternativas de alimentação sem custos, como energia solar ou por atuação humana. Nem sempre barreira econômica está na compra do produto, por vezes, os custos maiores estão na energia.

Da mesma forma, pense em alternativas de insumos de baixo custo.

Desenvolva produtos duráveis, que possam ser comercializados em segunda mão sem perda de qualidade, dando acesso a bons produtos para consumidores que não podem adquirir um novo (vide estratégia 19 Projetar para o Reuso).

Além de desenvolver produtos acessíveis, outra forma de trazer contribuições sociais pode ser envolver envolver seu consumidor em campanhas institucionais de distribuição de renda ou produtos.

Produtos acionados por atuação humana
Uma solução de design inovadora pode produzir efeitos sociais positivos.
O rádio a corda BayGen Freeplay, de Trevor Baylis, surgiu como solução para que populações isoladas na África tivessem acesso a informações sobre Aids / HIV e outras questões relacionadas à saúde.
Como nessas regiões ainda há um alto nível de analfabetismo, o veículo de disseminação de informações mais adequado seria o rádio. Mas a distribuição dos modelos tradicionais não resolvia o problema, porque os usuários não tinham recursos para comprar pilhas de reposição nem acesso à energia elétrica.

Produtos acionados por atuação humana
A luminária Play & Lighting, de Sanghoon Yoon, acumula energia ao ser girada. O movimento lúdico estimula que crianças brinquem com ela, gerando energia que iluminará a casa à noite. Foi vencedor do Student Design Award no iF Design Awards de 2016.
Outro exemplo de produto onde gerar a energia é uma brincadeira é a gangorra bomba água projetada por Jinhyuk Kim, para localidades sem acesso à energia elétrica.

(Vélosophy)

Envolva seu consumidor em campanhas sociais
A empresa Vélosophy doa uma bicicleta para estudantes de baixa renda em paises em desenvolvimento a cada bicicleta vendida.

Uso de insumos de baixo custo
Em muitas regiões o alimento continua sendo cozido a lenha, o que provoca desmatamento, contaminação pela fumaça e risco de incêndios. O fogão desenvolvido por Cho Sung Hwan emprega óleo de cozinha usado, que seria descartado, como combustível. Este reuso não emite fumaça tóxica e reduz o consumo de madeira como lenha. Outro exemplo interessante é o Fan Stove HD4012, da Philips, que emprega um sistema eficiente e seguro queimar a biomassa.

V Estratégias para a fase de Fim de Vida

Mesmo ao chegar ao fim de vida, um produto pode continuar impactando o meio ambiente por séculos, caso esta etapa do Ciclo de Vida não tenha sido planejada durante o projeto. Para algumas classes de produtos, como embalagens e pilhas, a fase de descarte pode ser a mais impactante.

Neste guia são abordadas quatro estratégias para fim de vida do produto: Reuso, Remanufatura, Reciclagem e Descarte Adequado; e mais uma estratégia de apoio, Design para Separação. As definições destas estratégias e seus subgrupos são resumidos na Tabela 6.

A fronteira entre essas estratégias é tênue: reuso, remanufatura e reciclagem podem se confundir em algumas aplicações. A definição também pode variar de acordo com o autor.

Estratégias fim de vida	Subgrupos	Definição
Reuso	Reuso com retorno à empresa	O produto retorna à empresa para novo ciclo de uso. Na empresa podem ocorrer operações como inspeção e limpeza, mas sem alterações no produto (exemplo: garrafa retornável)
	Reuso pelo usuário sem retorno	Reuso em uma nova função ou venda de produtos de segunda mão para um novo ciclo de uso (exemplo: copos de geleia).
	Reuso de partes do produto	Reutilização de componentes do produto que não sofrem desgaste ou desatualizações (exemplo: parafusos).
Remanufatura e recondicond.	-	O produto retorna à empresa e é desmontado. Partes do produto são reusadas, outras reparadas, outras sofrem atualização, outras recicladas (exemplo: recauchutagem de pneus).
Reciclagem	Na mesma aplicação	Aproveitamento do material de um produto como matéria-prima no mesmo tipo de produto (exemplo: latas de alumínio).
	Em aplicação inferior (downcycling)	Aproveitamento do material de um produto como matéria-prima de qualidade inferior (exemplo: embalagens recicladas como fios para carpete).
Descarte Final	Descarte em aterro	Encaminhamento para o descarte em aterro de forma segura.
	Descarte com aproveitamento energético	Incineração do material descartado como combustível em outro processo industrial (exemplo: queima de pneus em siderúrgicas).
	Descarte com incineração	Incineração do material descartado apenas para redução do volume em aterro.
	Compostagem	Uso de material de composição orgânica como adubo.
Separação	Separação por desmontagem	É uma etapa anterior e necessária para quase todas as estratégias de fim de vida. A desmontagem pode recuperar componentes inteiros e materiais.
	Separação por trituração	O produto é triturado em pequenas partes para permitir a separação dos materiais por processos mecânicos ou magnéticos. Recupera apenas materiais.

Tabela 6
Resumo das estratégias de fim de vida

A princípio, a ordem preferencial para estratégias para o fim de uso é a apresentada na tabela 6. Quando acrescida das estratégias que influenciam todo o Ciclo de Vida, Redução e Durabilidade apropriada, a hierarquia das estratégias na maioria das situações é: [7]

1° Reduzir,
2° Retardar o descarte,
3° Reusar o produto todo,
4° Reusar partes,
5° Remanufaturar,
6° Reciclar material na mesma aplicação,
7° Reciclar em aplicação inferior (downcycling),
8° Descartar com recuperação energética e
9° Descartar no aterro.

Esta ordem deve ser entendida como uma regra geral, a ser adaptada caso a caso. A melhor ordem dependerá de múltiplos fatores, de natureza tecnológica, econômica, social e cultural, conforme será aprofundado nos capítulos a seguir.

Também é necessário estudar todo o Ciclo de Vida do produto, para saber qual solução de fato é a menos impactante. Por exemplo, a estratégia retardar o descarte não deve ser aplicada quando o produto novo tiver um consumo energético menor que o anterior.

E todas as estratégias no campo de Design para o Fim de Vida (Design para Reciclagem, Design para Reuso, Design para Remanufatura, etc.) devem estar subordinadas ao contexto maior da política ambiental da empresa.

É um grande desafio para o designer equacionar todos os fatores que estão presentes nesta situação. Ao fim da vida de um produto, o que se tem são toneladas de equipamentos sem valor comercial, pulverizados por milhares de consumidores, em diferentes regiões, que precisam ser desfeitos de forma ambientalmente amigável, e ainda economicamente viável. O trabalho deve ser desenvolvido, então, por uma equipe interdisciplinar, e está condicionado também à existência de uma logística reversa, de empresas recicladoras, de catadores, de uma legislação favorável etc.

Embora a restrição tecnológica deva ser levada em consideração, o planejamento do fim de vida do produto deve também ponderar sobre possíveis melhorias na tecnologia e na cadeia produtiva no futuro. O descarte do produto não irá ocorrer hoje, mas em 5, 10 ou mesmo 20 anos. O que não é viável hoje pode ser quando o produto for descartado.

Ao analisar cenários futuros para o produto, leve em conta também efeitos em potencial, não apenas efeitos reais. Pode ser que no futuro o controle de toxicidade tenha mais importância que tem hoje a reciclagem.

Naturalmente leve em consideração também a legislação sobre resíduos sólidos, tanto a vigente como tendências para o futuro.

Por fim, uma vez decidido qual a melhor estratégia para fim de vida de seu produto, informe o consumidor. No manual do usuário inclua informações sobre a melhor forma de tratar o fim de vida do produto, incentivando o reuso, o retorno à empresa para remanufatura, os cuidados para a reciclagem, etc., conforme cada caso.

18

Projetar para a separação

As diversas estratégias para o fim de vida do produto, para serem viáveis econômica e ambientalmente, geralmente dependem de um sistema de separação eficiente.

Um produto, ao fim de sua vida útil, pode ter alguns componentes retirados e reaproveitados em novos produtos, ou ter alguns materiais separados para reciclagem, ou ainda ter componentes com substâncias tóxicas separados para o descarte adequado e seguro.

Em qualquer dos casos, é necessário um processo rápido de separação. Essa separação pode ocorrer por duas formas: por desmontagem (que por sua vez pode ser manual ou automática) ou por fragmentação em máquinas trituradoras.

As diretrizes para a desmontagem, além de aplicação no fim de vida, também podem ser úteis para facilitar a manutenção, contribuindo para outras estratégias, como as relacionadas à Durabilidade Apropriada (25 a 28).

Como projetar para desmontagem

O custo da desmontagem está relacionado ao tempo necessário para a tarefa. De forma aproximada, pode-se considerar que o tempo de desmontagem de um produto é o tempo de abertura das uniões multiplicado pelo número de uniões. As variáveis relacionadas são:

O número de uniões.
Variedade de ferramentas necessárias para abrir todo o produto.
Acessibilidade: facilidade e espaço para alcançar o ponto de união a ser aberto.
Posicionamento: grau de precisão necessário para posicionar a ferramenta ou a mão.
Força necessária para abrir.

Tendo essas cinco variáveis em mente, considere algumas diretrizes que podem acelerar o processo:

Adote uma estrutura modular para o produto.

Subdividida o produto de forma que cada subconjunto possa ser manipulável como uma parte única, independente.

Posicione os componentes prioritários para serem separados em locais de acesso mais fácil. Dê prioridade aos seguintes componentes:

Partes com substâncias tóxicas ou perigosas.
Partes com materiais valiosos, como metais preciosos.
Partes mais sujeitas a quebras e desgastes, que precisam ser substituídas com frequência.
Componentes sujeitos a desatualização tecnológica.

Indique no produto a presença e o posicionamento dos materiais valiosos. Nos produtos eletrônicos, imprima nas placas a quantidade de cobre, ouro, prata e paládio que elas contêm.

Também indique no produto a presença e o posicionamento dos materiais perigosos que não puderam ser evitados.

Minimize e facilite as operações de desmontagem e separação.

Torne a desmontagem possível por uma única pessoa.

Coloque todos os componentes acessíveis pela mesma face, ou seja, evite a necessidade de virar o produto para ter acesso à face inferior. Também cuide para que estejam posicionados na mesma direção, vertical ou horizontal, para não ser necessário girar o gabinete.

Torne todos os pontos de abertura visíveis pelo lado de fora e de fácil acesso.

Preveja fácil reconhecimento da localização e do tipo de união utilizado.

Indique no produto quais liberam a carenagem, para que o usuário retire os parafusos na ordem certa.

Crie no produto e em cada subconjunto áreas de apoios e pegas para manipulação.

Garanta boa acessibilidade aos pontos de união, com espaço para a mão e ferramenta.

Especifique sistemas de união padronizados e repita a mesma solução em todo o produto. Assim não será necessário mudar de ferramenta durante a desmontagem.

Evite sistemas de união que exijam habilidade ou precisão para abrir. Procure uniformizar a força necessária e a direção do movimento de abertura.

Evite uniões que exijam ação simultânea em dois ou mais pontos para abrir, como pressão ou alavanca.

Prefira sistemas de fixação reversíveis (parafusos, engates), a irreversíveis (solda, adesivo, rebite).

Prefira também sistemas de união que não necessitam de ferramentas, como união por engate, encaixe, ganchos e baionetas.

Selecione parafusos padronizados e de uso universal, para que qualquer operador tenha a chaves para abri-lo.

Use o mesmo tipo de parafuso e mesmo tamanho em todo o produto.

Quando possível, use parafusos do mesmo material das peças unidas.

Evite a adição de enxertos metálicos para rosquear parafusos. No caso materiais poliméricos, é preferível utilizar parafusos autoroscante.

Se for inevitável o uso de enxertos, preveja zona de fratura ou estrangulamento para quebra e separação.

Indique de forma clara estas linhas e preveja fácil acesso. Informe no próprio produto a opção de desmontagem por fratura.

Caso esteja usando sistemas de encaixe de pressão, indique onde posicionar as ferramentas para fazer alavanca, forçando sem quebrar.

Quando for inevitável formas de união não reversíveis, prefira materiais compatíveis com o do produto, como rebites do mesmo material das peças unidas. Prefira solda à cola.

Se não for possível usar do mesmo material, use grampos e rebites facilmente retiráveis.

No caso de plásticos, quando for inevitável a solda, prefira as de ultrassom ou vibração.

Evite superdimensionamento nos sistemas de união, por exemplo, unir com parafuso e cola simultaneamente.

Avalie a possibilidade de empregar sistemas de desmontagem automáticos, por diferença de temperatura.

Crie um manual de desmontagem e disponibilize na internet.

(Ricardo Freisleben)

Sistemas de união que não necessitam de ferramentas
A Arara Nomade, de Ricardo Freisleben, é desmontável, sem colas ou parafusos, de montagem intuitiva.

Indicação de quais engates liberam a carenagem
Indique onde forçar para liberar a carenagem, para acelerar o processo de desmontagem e evitar quebras acidentais.

(RSW Design)

Sistemas de união que não necessitam de ferramentas
A mesa Ding Table, da RSW Design, não utiliza colas, parafusos ou outras formas de união, apenas sistemas de encaixe desmontáveis sem necessidade de ferramentas.

Sistemas de união que não necessitam de ferramentas
O Banco Frida, de Zanocchi Starke, pode ser montado e desmontado sem necessidade de ferramentas, através de uma única porca borboleta

Sistemas de união que não necessitam de ferramentas
Exemplos de sistemas de união por engates reversíveis (*snap-fit*).

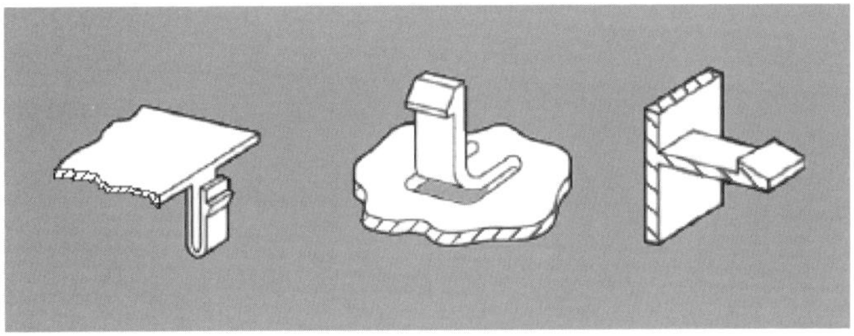

Sistemas de desmontagem automática

O grande desafio para desenvolvimento de sistemas de desmontagem são os custos, para tornar a atividade viável economicamente. Em algumas classes de produtos pode ser possível emprego de sistemas automatizados, que permitem alta velocidade e baixo custo, em linhas de desmontagem tão automatizada quanto a de montagem. Para isso, alguns sistemas empregam robôs, que desmontam o produto em uma sequência de movimentos pré programada. Outros sistemas automatizados empregam aquecimento, onde o calor dilata e abre os engates na sequência correta. Por exemplo, um primeiro grupo de conectores se abre quando submetidos a uma temperatura 60°, o segundo a 80°, e os últimos a 100°, liberando subconjuntos na ordem certa. Em todos os casos, o sistema de desmontagem tem que ser projetado durante o desenvolvimento do produto.

Geralmente estes sistemas separam o produto em três (ou mais) grupos: num predominam vidros, noutro plásticos, e a seguir metais. Cada grupo liberado segue em uma esteira própria para trituração e separação mais detalhada.

Como projetar para fragmentação

Neste processo, o produto descartado inicialmente passa por máquinas que o trituram, para, a seguir, passar por processos automáticos de separação do material picotado, através de magnetismo, diferença de densidade e outros.

Este processo pode ser empregado no produto inteiro ou após uma desmontagem manual preliminar. A condição para que esse procedimento seja praticado é a ausência de substâncias perigosas no produto, ou sua presença quantidade insignificante.

Para viabilizar o aproveitamento de materiais no fim da vida via fragmentação e separação automática, aplique as diretrizes a seguir:

Use as propriedades físicas dos materiais, como diferenças de densidade e propriedades magnéticas, para permitir a separação. Para isso, trabalhe junto com a equipe de engenharia.

Tenha cuidado na mistura de materiais: priorize combinações de materiais compatíveis e materiais que podem ser separados por processos automáticos.

Caso seja impossível evitar presença de materiais que não são separáveis por processos automáticos, use sistemas de união fáceis de abrir. Esse cuidado pode viabilizar técnicas mistas de separação: uma rápida desmontagem manual seguida de fragmentação e separação automática.

Verifique que material contamina qual e os mantenha afastados, se possível. Por exemplo, evite aço ou plásticos próximos de metais preciosos e cobre.

Cobre é sempre importante para reciclagem de produtos elétricos e eletrônicos. Combinações de cobre com alumínio e cobre com aço são comuns e devem ser facilmente separadas para obtenção de valor de mercado na reciclagem. O cobre que seguir junto com o aço é desperdiçado, e se ultrapassar 5% reduz o valor dos materiais ferrosos. Dê especial atenção à separação entre eles.

Cuidado também com a presença de plástico junto ao cobre. O plástico empobrece o material recuperado. A reciclabilidade pode ser melhorada substituindo o plástico por metal nestas partes ou facilitando a separação entre eles.

Evite misturar plásticos difíceis de serem separados por densidade, por exemplo, PET e PVC. Uma poucas gramas de PVC pode contaminar todo um lote de PET.

Processos de fragmentação
Moinhos de trituração são empregados para separar os produtos em pequenos fragmentos, que a seguir serão separados em materiais.

Processos de separação automático
Um exemplo de sistema de separação automático é o princípio eddy current, usado para separar os metais não ferrosos (principalmente alumínio e cobre) dos ferrosos (aço, ferro). Os primeiros são repelidos da esteira quando submetidos a corrente.
Outros sistemas são por densidade e magnetismo.

Elementos contaminantes e aspectos econômicos da separação

Por melhor que seja o processo de separação, é comum a presença de substâncias contaminantes nos materiais separados. A separação por desmontagem costuma ir até o ponto economicamente viável, que nem sempre chega a materiais 100% puros e isolados. O mesmo ocorre, em maior grau, na fragmentação. Embora os resíduos tenham sido picotados, sempre haverá elementos estranhos que os sistemas não conseguem separar. Por exemplo, nos fragmentos de aço seguem agarrados pedaços de plásticos, cobre e outros metais; nos fragmentos de cobre ocorrem pedaços de alumínio, etc. Estes elementos estranhos ao material reciclado são contaminantes, ou elementos penalizantes. A presença destes elementos deve ser reduzida ao máximo, pois acima de determinados patamares reduzem o valor pago pela sucata ou mesmo inviabilizam o processo de reciclagem.

O grande desafio da separação é sempre a viabilidade econômica. Tradicionalmente, a montagem do produto é realizada em uma linha industrial automatizada, rápida. A desmontagem, ao contrário, é um processo manual, lento. A fragmentação com separação automática é um processo automatizado, mas que obtém materiais mais contaminados do que na desmontagem manual.

Além disso, ao fim do processo de montagem se obtém um artefato pronto, de alto valor agregado. O fruto do processo de separação, ao contrário, são componentes usados ou matéria-prima, ou seja, produtos de baixo valor comercial.

Separação por Desmontagem x Separação por Fragmentação

Para o designer, se preocupar com o fim de vida é um novo paradigma. Habituado a pensar em termos de produtos, neste momento deve pensar em termos de fluxos de matéria. Não são milhares de telefones celulares, mas toneladas de plásticos diversos, aço, vidro, cobre, alumínio etc., tudo misturado.

Os custos da reciclagem variam muito de país para país, e mesmo de estado para estado, porque entram variáveis como logística, distâncias, salários, legislação ambiental, carga tributária. Por isso, o que é lucrativo em uma localidade pode ser um grande prejuízo em outra.

A decisão entre Separação por Desmontagem e Separação por Fragmentação deve ser tomada analisando os custos e materiais a serem obtidos por ambos. A separação por fragmentação pode ter custos bem menores do que a desmontagem manual (principalmente em regiões onde os salários são elevados), mas obtém materiais mais contaminados, de valor menor. Para decidir entre separação manual ou desmontagem por fragmentação estude quanto tempo leva para separar as peças até chegar ao material separado, o peso de cada material obtido, o valor de mercado desta sucata e os salários dos funcionários que farão a desmontagem. Considere também a possibilidade de empregar processos mistos, isto é, desmontagem manual seguida de fragmentação e separação automática.

A desmontagem manual é muito cara, em países desenvolvidos só costuma compensar financeiramente em produtos com grande quantidade de um único material (acima de 5 kg) ou em produtos com grande quantidade de cobre ou metal nobre. Em países em desenvolvimento, onde os salários são menores, a desmontagem manual pode ser viável em um número maior de casos. Mas é preciso ter em mente que o produto projetado hoje será descartado em dez anos ou mais, quando os salários podem ter melhorado.

Por isso, a tendência, no futuro, é aumentar o uso da fragmentação e separação automática, a menos que a desmontagem manual receba subsídios ou seja obrigatória por lei.

Uma exceção para a desmontagem manual são os produtos que contém substâncias tóxicas, mas neste caso o objetivo do procedimento é reduzir os riscos, e não buscar a viabilidade econômica.

19

Projetar para o Reuso

A reutilização do produto é uma forma de aumentar sua vida útil, reduzindo o impacto da manufatura de outro modelo. Para que o reuso seja viável, alguns cuidados devem ser tomados durante o projeto, para que o produto chegue ao seu novo ciclo de uso em boas condições.

Como projetar para o reuso

Certifique-se que o produto é durável o suficiente para resistir a vários ciclos de uso, bem como à manipulação das recolhas, reparos, renovações, upgrades e Remanufaturas.

Aumente a resistência das partes mais sujeitas a avarias, como juntas, conexões, articulações e quinas.

Facilite a substituição de partes sujeitas a desgaste e danos, como partes móveis, articulações, encaixes, engrenagens, mancais.

Informe o usuário sobre as possibilidades de reuso. Inclua, no manual, instruções para a atualização e adaptação do produto.

Crie produtos modulares com peças intercambiáveis e re-configuráveis, para adaptação a diversos usuários e seus gostos.

Onde não for viável o reuso do produto todo, preveja a reutilização de partes.

Utilize partes e componentes intercambiáveis e modulares para viabilizar upgrades.

Facilite a manutenção preventiva.

Só empregue componentes padronizados, para facilitar a substituição.

Especifique materiais que não percam qualidade ao longo do envelhecimento.

Facilite também a substituição dos componentes sujeitos a deterioração ou desatualização estética.

Viabilize a comercialização do produto em segunda mão. Para isso, além da resistência e facilidade de manutenção, cuide para que o produto seja atraente para o próximo usuário; empregue uma estética perene, menos subordinada a modismos (veja 27 Estimular uma Relação Duradoura do Usuário com o Produto).

Facilite o reúso em outra função. Neste caso pense em um design atraente e duradouro, que estimule o usuário a manter o produto.

Crie produtos que estimulem ou viabilizem o reuso de outros materiais ou produtos.

Nos segmentos onde predominam descartáveis, desenvolva produtos perenes que tenham um reuso tão prático quanto o descartável.

Estimulando o reuso de outros materiais
O Lace Vase, da Milk Design Limited, é uma capa de borracha de silicone que pode ser ajustada em torno de recipientes de diferentes tamanhos, permitindo o uso como um elegante vaso de plantas.

Facilitando o reuso em outra função
Além dos tradicionais copos de vidro, é possível pensar em reuso para outras embalagens. A embalagem de tênis Clever Little Bag, de Yves Behar e Fuse Design, a caixa de sapato foi substituída com uma sacola que pode ser reutilizada.

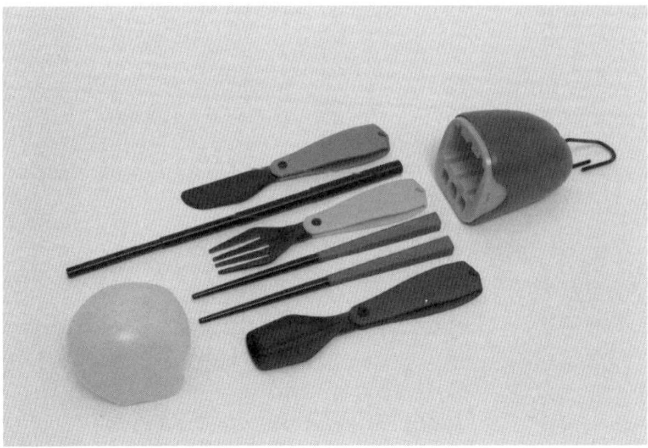
(Pentatonic)

Produtos perenes de reuso prático
O conjunto de talheres Otherware Cutlery, da Pentatonic, é durável, lavável e compacto, um exemplo de talher reusável para substituir descartáveis.

Comercialização de produto em segunda mão
O mercado de móveis usados, com estética característica de outras décadas, é um exemplo de produto que pode receber novos usos.

(Fabian Ghoshal & Benjamin Beck)

Reutilização de partes
A cabeça da escova de dente tem durabilidade limitada, mas o cabo pode ser reusado muitas vezes.
A escova TIO Brush, de Fabian Ghoshal e Benjamin Beck, permite a substituição.

Estimulando o reuso de outros materiais
O Eco Clip da IGLOO Design facilita o reuso de papéis como blocos de rascunho.

Produtos perenes de uso prático
Copos colapsáveis são bons exemplos de produtos práticos para estimular o reuso em segmentos onde predominam os descartáveis.

Estimulando o reuso de outros materiais
A tampa reutilizável da Cuppow encaixa em diversos potes de vidro, permitindo o reuso de embalagens como caneca de viagem.

Benefícios sociais do reuso

Em países em desenvolvimento, como o Brasil, o reuso pode proporcionar benefícios sociais também. A comercialização de artigos em segunda mão, para um segundo ciclo de uso, é uma forma de dar acesso a produtos a um número maior de pessoas, que não teriam condições financeiras de adquirir um novo.

20

Projetar para a Remanufatura e recondicionamento

Quando não for viável o reuso do produto, avalie a possibilidade de programar a remanufatura ou recondicionamento.

Frequentemente produtos são descartados ainda em bom estado, ou porque se tornaram defasados tecnológica ou esteticamente, ou porque sofreram marcas de uso e envelhecimento. Em situações como estas, os produtos podem retornar à fábrica para receber benfeitorias que os atualizem, tornando-os aptos a um novo Ciclo de Vida.

Mesmo nos casos onde o produto apresenta defeitos irreparáveis, a remanufatura é uma solução interessante, pois os componentes ainda intactos podem ser retirados e reaproveitados em um novo produto.

E frequentemente apenas um elemento do produto está danificado, e todo o conjunto será desperdiçado. Diversos componentes de um produto não costumam apresentar desgaste nem desatualizações, como chassis, parafusos, chaves, interruptores.

Com o emprego da remanufatura observa-se então um duplo benefício ambiental: há uma redução da necessidade de se produzir novos componentes e um retardamento no descarte dos atuais.

Para que a Remanufatura seja viável técnica e economicamente, é necessário que o produto seja projetado prevendo seu futuro retorno.

Como projetar para remanufatura

Algumas diretrizes para viabilizar a remanufatura como estratégia de fim de vida:

Estude a viabilidade de implementar um amplo programa de remanufatura com politicas de recolha dos produtos após um período predeterminado.

Nestes casos, estude a possibilidade de estruturar um banco de dados com o histórico dos produtos comercializados, para acompanhar a vida útil de seus componentes de forma a melhor programar a remanufatura, a reciclagem e o descarte final.

Analise o produto. Identifique que componentes se desatualizam e o motivo.

Após a identificação dos componentes sujeitos a defasagem ou desgaste, preveja uma estruturação modular e hierárquica para o produto, que permita a substituição fácil destes componentes e mantenha um núcleo central que não se desatualiza.

Preveja que estes componentes tenham um acesso mais fácil que os demais e próximos uns dos outros. Se possível torne estas partes destacáveis do conjunto sem necessidade de ferramentas ou conhecimentos especiais.

Preveja fácil desmontagem. Empregue técnicas de Design para Separação (18 Projetar para a Separação).

Dê preferência a componentes padronizados, para que o usuário encontre peças de reposição facilmente, mesmo depois que o produto sair de fabricação.

Facilite também o acesso às partes que devem receber inspeção e manutenção.

Como o produto a ser remanufaturado sofrerá atualizações periódicas, deve durar mais do que normalmente acontece, especialmente os componentes que não serão substituídos.

Preveja a resistência do produto para suportar também as viagens para a remanufatura e retorno ao local de consumo.

Preveja produtos adaptáveis as várias necessidades, de forma que uma única plataforma possa receber diversos componentes complementares para ser configurado para usuário.

Simplifique, para o usuário, a logística de recolha do produto, estabelecendo convênios com transportadoras.

Indique, no manual, a possibilidade de remanufatura, os procedimentos de envio e os prazos.

(Wilkhahn)

Fácil desmontagem

A Wilkhahn planejou um sistema de recolha e remanufatura para a cadeira Picto, projeto de PER Produktentwicklung Roericht, Burkhard Schritz e Franz Biggels.

O produto é desmontável e reparável; todas as uniões são reversíveis; as partes de tecido são destacáveis para lavagem, conserto e troca; o número de peças foi reduzido; e todas as partes plásticas com mais de 15 gramas são marcadas para facilitar a reciclagem.

Logística de recolha simplificada

A empresa Imaging Technologies Pty desenvolveu uma máquina de venda de cartucho de impressora que funciona a base de troca.

A logística reversa é viável porque o mesmo veículo usado para levar os cartuchos novos leva também os usados para serem reprocessados na empresa.

Além disso, a máquina está ligada à base via modem, que pode assim monitorar a quantidade de cartuchos disponíveis realizando a visita apenas quando necessário repor o estoque. Assim viagens desnecessárias são evitadas.

Acesso fácil aos componentes

Short-Circuit é um conjunto de eletrodomésticos, projetado por Gaspard Tiné-Berès, que empregam componentes remanufaturados de outros equipamentos, como vidrarias e resistências elétricas.

Sua estética é peculiar, com medidas e encaixes padronizadas permite receber componentes de fontes diversas. A fabricação não requer molde e os aparelhos podem ser atualizados, reparados ou alterados conforme necessário.

Estruturação modular e hierárquica

No smartphone Fonkraft foram adotados conceitos de modularidade.

Há uma unidade básica e módulos destacaveis para tela, câmera, bateria e memória.

Dessa forma tem manutenção, remanufatura e up grade simplificados. E o usuário pode escolher os componentes que deseja em função de sua necessidade: câmera regular ou de melhor desempenho, bateria de maior duração, som melhor etc.

Política de recolha dos produtos e banco de dados

A Xerox é uma das empresas que desenvolveu uma política de recolha das copiadoras comerciais ao fim da vida.
A política envolve o projeto do produto, em estrutura modular, de fácil desmontagem e separação. Inclui também um banco de dados com o registro do uso de cada componente, para saber se este já chegou ao limite de ciclos e horas de trabalho máximo ou se ainda pode ser empregado em um novo produto. E um programa de reciclagem para os componentes que não podem ser reusados, que também é facilitado porque a empresa conhece a composição exata de cada peça. No banco de dados também são identificados componentes com materiais tóxicos ou valiosos, para o descarte adequado.

Considerações sobre a remanufatura

A necessidade de remanufatura pode ocorrer por diversos motivos:

Defasagem tecnológica - em aparelhos eletrônicos, por exemplo, alguns componentes duram muito pouco e precisam ser substituídos. Memórias, processadores e sistemas de armazenamento de informações são componentes que tendem a se defasar tecnologicamente muito rapidamente.

Defasagem estética - em mobiliários, por exemplo, alguns elementos são muito sujeitos a modismos, como coberturas, capas, acabamentos.

Marcas do tempo - em produtos muito manipulados, alguns componentes tendem a sofrer arranhões e marcas, como carenagens, gabinetes, coberturas, tampas.

Em todos os casos, antes de priorizar a remanufatura, conheça os hábitos do seu consumidor para saber o porquê do descarte do produto, se por motivos tecnológicos, financeiros, estéticos etc.

21

Projetar para a Reciclagem

Quando não for possível nem o Reuso nem a Remanufatura, pode-se considerar o aproveitamento da matéria-prima do produto.

Reciclagem é o procedimento de trabalhar o produto para extrair uma ou mais matérias-primas empregadas, visando reutilizá-las em novo produto, igual ou não ao original.

Além de poupar recursos não renováveis e reduzir o volume de lixo nos aterros, a reciclagem também poupa energia. Normalmente reprocessamento do material reciclado gasta menos energia do que o processamento do material virgem (veja estratégia 2 - Especificar Materiais de Baixo Conteúdo Energético),

Da mesma forma, a reciclagem pode reduzir emissões tóxicas. Por exemplo, a produção de cobre gera grande quantidade de SOx, o que não ocorre no reprocessamento do material reciclado.

O tema reciclagem já foi abordado no capítulo 4, onde o foco foi como fazer a seleção e especificação de materiais recicláveis. No presente capítulo o foco será como aumentar a reciclabilidade do produto ao final da sua vida útil.

Como projetar a reciclagem

Para tornar seu produto reciclável ao fim de sua vida útil, várias medidas devem ser tomadas durante o projeto. Aplique inicialmente as diretrizes da estratégia Especifique Materiais Recicláveis (Capítulo 4), e inclua essas diretrizes para o fim de vida:

Projete tendo em mente o fluxo de materiais para reciclagem. Procure classificar o produto em categorias como: predominantemente metal, predominantemente plástico, predominantemente vidro etc.

Sempre que possível selecione um único material para todo o produto ou para todo um subsistema. Por exemplo, tampas de material diferente do corpo, se não forem facilmente separáveis, dificultam muito a reciclagem de uma embalagem.

Se não for possível no produto todo, utilize apenas um tipo de material em cada subcomponente, em uma estrutura modular.

Quando não for possível especificar um único material, avalie também a possibilidade de especificar materiais compatíveis entre si.

Quando empregar materiais diferentes, facilite a separação.

Também evite colas e adesivos para unir elementos do produto, prefira uniões reversíveis, como parafusos.

Normalmente a prioridade para retirada do produto é para os materiais tóxicos e materiais com valor comercial. Concentre esses componentes em áreas mais facilmente acessíveis. Em eletrônicos, por exemplo, este critério costuma ser de fácil aplicação, pois há um grau de flexibilidade no arranjo das placas de circuito impresso.

Acrescente no próprio produto informação sobre a presença destes elementos e facilite sua separação do conjunto.

Plásticos costumam ser um gargalo para reciclagem. Como diretriz geral de Ecodesign, procure especificar o plástico mais limpo possível, sem misturas, e na menor variedade possível.

Evite impressão sobre partes plásticas. Prefira moldar diretamente no plástico ou, quando a impressão for inevitável, pesquise com seu fornecedor tintas compatíveis com o plástico impresso.

Evite também Hot Stamping, que deixa traços de material contaminante no plástico.

Não use colas em plásticos para fixar etiquetas ou partes do produto. Prefira soldas, como de ultra-som ou a calor. No caso de rótulos, prefira fixar por contração térmica.

Em plásticos, evite também aditivos que dificultem a reciclagem, a menos que aumentem a durabilidade.

Em vidros, não misture diferentes tipos e cores.

Em metais, evite acabamentos e recobrimentos. Além de frequentemente tóxicos (vide estratégia 1 - Especificar Materiais Limpos e 7 - Reduzir Toxicidades na Manufatura), também podem dificultar a reciclagem. Use apenas se aumentar a durabilidade do produto.

Em papel evite, quando possível, coberturas de verniz ou cera.

Identifique os materiais, principalmente os plásticos. Simples, sem custos, essa medida pode ser a diferença entre a reciclagem ser viável ou não, desde que a marcação esteja posicionada em local rapidamente visível.

Inclua, no manual e no produto, informações sobre a melhor forma de descarte, explicando as opções de reuso e reciclagem. Informe também o significado das marcações ambientais.

Se viável, acrescente outras informações, como idade, número de reciclagens que já ocorreram com o produto, aditivos usados.

Preveja um sistema eficiente e viável economicamente para recolha do produto após o uso.

(On Materia)

Facilite a separação
O Green Box, da On Materia, é um kit caixa para os hóspedes descartarem os itens após o uso, entre materiais recicláveis e compostáveis. Para isso emprega um sistema com código de cor intuitivo: partes brancas na caixa branca, verde na verde.

Produto em um único material
A lapiseira Penxo, de Brian Tong, é construída em uma única peça de alumínio, sem molas, botões e peças mecânicas.
Seu design minimalista recebeu um prêmio Red Dot Awards em 2015.

Embalagem sem impressão e compactável
Esta garrafa Eco bottle, da Sarda Acque Minerali S.p.A não tem rótulo: as informações necessárias como código de barra, dados do fabricante, composição etc. vêm na capa que envolve e sela a tampa. Todos os elementos são de PET, mesmo a tampa, então não é necessário separação. Apresenta ainda um processo inovador de compactação. O conjunto com seis unidades vem com um anel que permite cortar a garrafa no ponto estrangulado, formando assim partes cônicas abertas que ocupam pouco volume.

(Ithzel Cerón)

Produto compactável
A seringa Helix, de Ithzel Cerón, é produzida em um único material, silicone, em vários graus de cura, o que proporciona diferentes graus de flexibilidade e rigidez. Assim, a agulha pôde ser feita em silicone, substituindo a agulha de aço. E o êmbolo pôde ser compactável, ocupando 70% mesnos volume quando descartado.

Sistema de recolha eficiente e viável
A bota Wellington, da Dunlop, já foi projetada pensando no sistema de recolha e reciclagem após a vida útil. A empresa recebe de volta as botas velhas dos clientes, que podem envia-las pelos correios.
Com o sistema estabelecido, o fluxo de matéria é regular o bastante para viabilizar a reciclagem. Como a empresa trabalha sempre com o mesmo produto, sabe a composição exata de cada componente da bota.

Materiais com tecnologias de reciclagem eficientes e com mercado
O pufe KaCaMa é produzido em materiais recicláveis e reciclados: a capa em poliéster de camisas descartadas, e enchimento em tampas de garrafa picadas.
Ambos materiais podem ser reciclados novamente ao fim da vida útil, são encontrados em quase todas as partes do mundo, e a manufatura pode ser realizadas por costureiras e artesãos locais.

Embalagem compactável
A garrafa de leite Cardboard milk bottle, da Greenbottle Ltd e Martin Myerscough, é produzida em papelão reciclado, com uma camada interior de plástico biodegradável, fabricado a partir de amido de milho. Pode ser rasgada para ocupar menos espaço quando descartada.

Definindo as prioridades para a reciclagem

O desempenho da implantação de uma política de reciclagem em uma empresa costuma ser medido em termos de peso, ou seja, o quanto do produto foi recuperado comparado com o peso do produto em si. Frequentemente as empresas apresentam o desempenho ambiental de seus produtos com afirmativas como: "80% do produto é reciclável".

Entretanto, este princípio de avaliar bom base no peso é falho. O ideal seria considerar o impacto relativo de cada material, e não sua massa. Por exemplo, na Tabela 7 apresenta o impacto ambiental do descarte de diversos materiais[7].

Riscos da reciclagem

Apesar dos vários benefícios ambientais da reciclagem, esta é uma das estratégias de fim de vida menos eficiente, porque aproveita apenas o material que foi empregado no produto, descartando todos os demais componentes, como energia, distribuição, manufatura, trabalho etc.

Material	Impacto ambiental
Plásticos	4 a 6
Aço e ferro	12 a 15
Alumínio	53
Cobre	76
Níquel	380
Chumbo	580
Zinco	640
Prata	1500
Ouro	100.000
Paládio	375.000
Platina	560.000

Tabela 7
Impacto ambiental por grama de material (escala de impacto ambiental Ecoindicator99) [7]

Além dessas perdas, durante a reciclagem pode ocorrer também redução na qualidade do material, como já colocado na Estratégia 5 - Especificar Materiais Reciclados. O plástico, por exemplo, perde muitas de suas propriedades a cada reciclagem.

E, como o sistema de separação e lavagem podem não eliminar completamente as impurezas em alguns tipos de materiais, alguns reciclados sofrem restrições em aplicações como embalagens de alimentos, remédios e brinquedos.

Além disso, a reciclagem, como qualquer atividade industrial, também tem um impacto ambiental, pois consome energia e insumos, polui e gera resíduos.

Por fim, há ainda um aspecto cultural negativo na reciclagem. A ênfase a esta estratégia de fim de vida pode se tornar um estímulo a descartabilidade, caso não esteja associado a políticas de redução e de reutilização. Isso porque cria no consumidor a falsa impressão que um produto reciclável não impacta o meio ambiente.

Aspectos econômicos da reciclagem

A reciclagem será uma atividade viável quando o valor das matérias recicladas superar os custos da logística reversa e da separação.

O design do produto não é o único aspecto que tem que ser levado em consideração para viabilizar a reciclagem. O processo de retorno e separação têm custos elevados, que muitas vezes não se pagam, por melhor que seja o projeto.

Em alguns países já vigoram leis de retorno (*take back*), que obrigam as empresas a se responsabilizarem pelo fim de vida do produto. Nestes casos a reciclagem se torna viável economicamente, pois os custos da disposição final em aterro são de responsabilidade dos fabricantes do produto.

Outro aspecto fundamental para viabilizar a reciclagem é alcançar economia de escala no sistema de logística reversa. Para isso é preciso que exista material descartado em grande quantidade e baixa variabilidade sazonal. Em cidades grandes é mais fácil encontrar essas condições, mas isso depende também de fatores culturais e logísticos.

Como fatores culturais, podem-se citar os hábitos consumo e descarte do consumidor, bem como seu poder aquisitivo.

Como fatores logísticos, a existência de uma infraestrutura de comercialização, que exige o envolvimento de vários atores: consumidores, catadores, prefeituras, recicladoras, indústria, legisladores etc.

O transporte é um dos momentos críticos da logística reversa. Os caminhões usados para recolha dos descartados são extremamente improdutivos, já que fazem muitas paradas. E alguns materiais são muito desfavoráveis. A espuma de poliestireno, conhecida como isopor, é um bom exemplo da dificuldade da logística reversa. Como é um material expandido, em cada peça recolhida há mais ar do que plástico a ser reciclado. O mesmo ocorre com embalagens vazias, que ocupam muito espaço no caminhão, mas contém pouca matéria a ser recuperada.

Aspectos sociais da reciclagem

Em países em desenvolvimento, a reciclagem gera um impacto social positivo, a geração de trabalho e renda. O processo de coleta e separação dos materiais a serem reciclados é intensivo em mão de obra, gerando assim postos de trabalho nas camadas menos qualificadas, justamente as que encontram mais dificuldade para a inserção no mercado formal de trabalho.

No Brasil, estima-se que apenas a primeira etapa do ciclo da reciclagem, a coleta, seja a fonte de sobrevivência de até 800 mil pessoas.

Portanto, quando viável, a reciclagem entrega benefícios sociais e ambientais simultaneamente.

22

Projetar para o descarte adequado

Quando não houver nenhuma outra possibilidade para o fim de vida do produto, resta cuidar para que o descarte seja adequado.

Uma vez lançados em aterros e lixões, os produtos iniciam um lento processo de decomposição, onde materiais complexos costumam ser reduzidos às suas substâncias constituintes.

Um produto que contenha alguma substância tóxica em sua composição pode provocar impactos ambientais na fase de fim de vida, mesmo nos casos em que a substância tóxica era inofensiva durante a fase de uso. Esse risco ocorre porque algumas substâncias são inertes no ambiente de uso do produto, mas se tornam perigosas quando liberadas durante sua decomposição. Além disso, no aterro ocorre uma acumulação de materiais em um espaço reduzido, o que concentra estas substâncias em níveis muito maiores do que ocorriam quando os produtos estavam dispersos entre diversos usuários.

O designer pode reduzir este risco tomando algumas providências na fase de projeto.

Como projetar para o descarte adequado

Para reduzir o impacto do descarte do produto, alguns cuidados precisam ser tomados na fase de projeto:

Reduza ao máximo o volume e peso de material a ser descartado.

Quando possível, empregue materiais biodegradáveis.

Informe o consumidor sobre a melhor forma de descarte do produto, não só no manual como no próprio produto. Por exemplo, plástico tradicional deve ser descartado como lixo reciclável, plástico biodegradável, como lixo orgânico, mas nem todo consumidor sabe disso.

Dê especial atenção a informações sobre o descarte de componentes tóxicos, como baterias, óleos etc.

Aplique as diretrizes da estratégia 1 Especificar Materiais Limpos. Para redução do impacto no descarte, tenha especial cuidado com materiais ou componentes que contenham Arsênico, Cádmio, Cromo, Cobre, Chumbo, Mercúrio, Flúor, Cloro, Pentaclorofenol (PCP), Alcatrão. Verifique junto aos fornecedores alternativas mais limpas para esses componentes. E, caso não haja alternativas, indique no produto a presença das substâncias.

Nestes casos, procure também concentrar estes materiais ou componentes em áreas adjacentes de forma que sejam facilmente encontrados e destacados na fase de descarte. Facilite a separação destes componentes do resto do produto aplicando as diretrizes da estratégia 18 - Projetar para Separação.

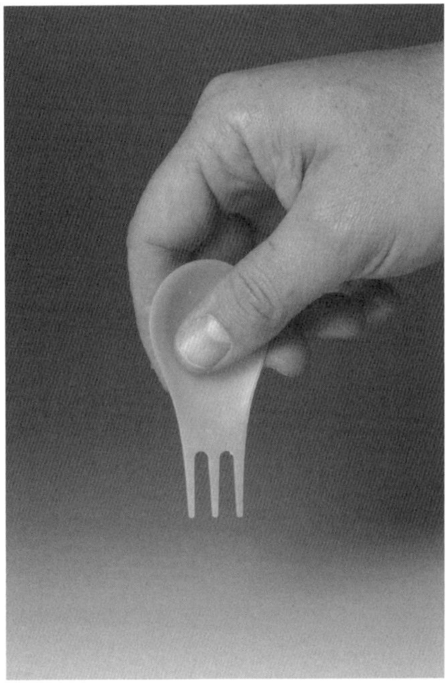

(Giulio Iacchetti)

Material biodegradável

O talher descartável Moscardino Spork, de Giulio Iacchetti, emprega bio plástico biodegradável a base de amido.

Pode ser descartado sem emitir toxicidade, ou ser compostado, pois o usuário descarta o talher junto com restos de comida.

O produto ganhou o prêmio italiano Compasso d'Oro em 2001.

Volume e peso mínimos para descarte

A embalagem para café instantâneo projetada por Jo Sae Bom e Jeong Lan funciona como copo e colher. É uma solução descartável como as demais, mas pelo menos ocupa menos espaço e usa menos material se comparado com a solução tradicional de copo descartável, colher e sache de café.

(Huskee)

Material biodegradável
O copo Huskee cups é produzido em um único material, casca de café, sem acabamentos ou pigmentos. É reutilizável, lavável na máquina de lavar louça, biodegradável e compostável, quando for descartado.

Materiais biodegradáveis

O processo de fragmentação natural de um material é chamado de degradação. Esta pode ser provocada pela exposição à luz ultravioleta - UV (foto-degradação), ação de sais metálicos (oxi-degradação), da hidrólise (hidro degradação) ou de micro-organismos (biodegradação).

Materiais biodegradáveis são aqueles degradáveis que se fragmentam facilmente em estruturas menores, até o completo desaparecimento, pela ação de micro-organismos, em um período de tempo curto. Como exemplo pode-se citar o papel, cortiça, madeira e plásticos biodegradáveis.

Plásticos tradicionais, como PET, PP, PEAD etc, normalmente levam muitos anos ou mesmo séculos para serem completamente degradados na natureza.

Mesmo quando descartados adequadamente causam impactos, pois sua presença em aterros sanitários retarda o processo de fragmentação dos demais materiais, porque impermeabiliza as diversas camadas de lixo descartado, dificultando a livre circulação de gases e líquidos.

Por outro lado, os plásticos biodegradáveis, como o poliácido láctico (PLA) e o policaprolactona (PCL), contribuem de forma significativa para redução do impacto ambiental no fim de vida do produto, por decomporem mais rápido, em até seis meses, conforme normas e leis internacionais.

De modo geral, quase todo material é, em algum nível, biodegradável, se for descartado em ambiente adequado para a ação de micro-organismos, variando apenas o tempo necessário para completa degradação. Por isso, para ser considerado biodegradável, um material deve ter no mínimo 90% de seu carbono orgânico convertido em CO_2 (dióxido de carbono), CH_4 (metano), H_2O e outras substâncias simples, no prazo máximo de seis meses [13]. Como normalmente é melhor priorizar o reuso ou a reciclagem, materiais biodegradáveis só devem ser especificados em produtos tradicionalmente descartáveis e de curto Ciclo de Vida, como sacolas, pratos, copos e talheres descartáveis, embalagens de alimentos, sacos de chá, filtros de café, fraldas. Ou em regiões onde o reuso e a reciclagem sejam inviáveis.

Compostagem

De acordo com as normas da ASTM D 883 e 6400, materiais compostáveis são aqueles que sofrem degradação por processos biológicos controlados, produzindo biomassa (adubo ou húmus) em uma taxa significativa, além de CO_2, H_2O e componentes inorgânicos, e não deixando quaisquer materiais visíveis, perceptíveis e tóxicos [13] [14].

A compostagem é um método de tratamento dos resíduos sólidos no qual o material orgânico é decomposto por micro-organismos para produção de adubo. Desta forma, um passivo ambiental se transforma em insumo agrícola, com valor comercial e mercado estabelecido.

Material compostável pode ser considerado um tipo de material biodegradável. Ambos sofrem ação de agentes biológicos presentes na natureza, principalmente bactérias. No caso de material biodegradável, o resultado dessa ação é um resíduo desagregado e inerte, ou seja, que pode retornar à natureza, sem produzir danos. Já no material compostável, o resultado da ação é um material rico em nutrientes para agricultura, caso seja processado adequadamente ao fim da vida útil do produto.

O ambiente residencial é propício para a compostagem, uma vez que mais de 50% do lixo doméstico corresponde a restos de alimentos, e a maior parte deste resíduo pode ser lançada em composteiras domésticas. Com isso o usuário pode produzir o adubo que precisaria adquirir para suas plantas ou comercializa-lo, gerando renda. Do ponto de vista ambiental, a compostagem doméstica contribui ao reduzir à metade o volume de lixo descartado. Essa é uma das poucas estratégias de fim de vida que pode ser realizada pelo próprio consumidor, em sua residência.

Alguns resíduos da produção de empresas também podem ser compostados. Por exemplo, materiais como serragem, resíduos de couro, resíduos de cervejarias, folhas, sobras de refeitórios, cinzas, jornais, penas, aparas de grama, podas de arbustos.

Em projeto, as diretrizes que devem ser aplicadas para viabilizar a compostagem são as mesmas da reciclagem e descarte adequado: evitar misturar material compostável com não compostável, ter especial atenção com substâncias tóxicas, que possam prejudicar o solo, e facilitar a separação.

Alguns autores consideram a compostagem não uma estratégia de descarte adequado, mas uma forma de reciclagem.

Incineração

A incineração é uma alternativa de tratamento de lixo, visando à redução de volume em aterros e, em alguns casos, geração de energia. Neste último caso, a incineração também pode ser conhecida como reciclagem energética.

No Brasil a incineração não é tão comum como na Europa e Japão. Uma exceção são os pneus, que costumam ser usados como combustível em siderúrgicas e fábricas de cimento, quando não podem mais ser remanufaturados, via recauchutagem, bem como alguns plásticos.

Locais de descarte

Os locais para o descarte final dos resíduos sólidos são classificados em Aterro Sanitário, Aterro Controlado ou Vazadouro ("lixão").

O Vazadouro ainda é a solução mais empregada no Brasil. Nestes locais o material fica permanentemente exposto a céu aberto, gerando mau cheiro e atraindo vetores como insetos, roedores, pombos e urubus. A falta de controle permite a entrada clandestina de lixo proibido, como resíduos hospitalares e industriais de alta toxicidade. Catadores trabalham (e frequentemente moram) diretamente sobre o lixo. Gases como o metano e gás sulfuroso, gerado na decomposição do material orgânico, são liberados livremente para a atmosfera. Há ainda emissão livre de chorume, o líquido tóxico resultante da decomposição dos materiais.

Aterros Controlados se caracterizam por alguns cuidados para reduzir os riscos para a saúde humana. Geralmente são escolhidas áreas com grandes depressões, como antigas pedreiras ou minas já esgotadas, o lixo é coberto diariamente por camadas de terra e o acesso é adequadamente controlado. Mas os demais impactos continuam ocorrendo livremente: liberação de gases e chorume para o meio ambiente.

Por fim, há o Aterro Sanitário. Estas são as soluções mais seguras, que cumprem normas ambientais mais rígidas. Sempre é realizado um estudo de impacto ambiental, que leva em consideração a composição e permeabilidade do solo, distância de aquíferos e rios, direção dos ventos, tipo de vegetação nos arredores e distância para as moradias. Depois de aprovada, a área é impermeabilizada e são construídas canalizações e estações de tratamento para o chorume. Os gases liberados são captados e podem ser utilizados como fonte de energia. A arborização nas redondezas é trabalhada para evitar erosões, espalhamento da poeira e odores. O acesso é controlado, e catadores trabalham em galpões de separação nas redondezas. Ao fim da vida útil a área é reflorestada.

VI Estratégias para Redução

A redução está relacionada ao uso eficiente de recursos e prevenção de desperdícios, uma tônica da ecoeficiência.

Esta é, na maioria das vezes, uma das estratégias de Ecodesign mais eficiente. Enquanto a reciclagem reduz impactos apenas na fase de fim de vida, ao evitar ou reduzir a geração de resíduos, a redução apresenta ganhos ambientais em todo o Ciclo de Vida.

Além de ser a estratégia com melhor desempenho ambiental, frequentemente a Redução também é uma estratégia de fácil assimilação pelos empresários, porque, além de reduzir os impactos ambientais, a Redução costuma proporcionar ganhos econômicos.

Já a aceitação por parte do consumidor precisa ser avaliada caso a caso, pois depende da categoria de produto e de aspectos culturais.

23

Projetar para Redução

Como Redução se entende qualquer ação que reduza a quantidade de matéria empregada para a manufatura do produto, que não provoque perda de qualidade.

O mais importante dos chamados "3R" (Redução, Reciclagem, Reuso), a Redução poupa o meio ambiente em efeito cascata. Por isso, seus benefícios são sentidos em todas as fases do ciclo de vida do produto. Um produto menor exige a extração de menos matéria-prima, gasta menos energia para ser manufaturado, menos combustível para ser distribuído, menos energia durante o uso e gerará menos descarte no fim de vida. Os outros R's, ao contrário, só apresentam ganhos a partir da fase de Fim de Vida do produto.

Do ponto de vista político, a implantação da Redução costuma ser simples porque, na maioria das vezes, representa simultaneamente redução dos impactos ambientais e dos custos de produção. Nestes casos, o setor produtivo se torna um aliado nas pesquisas e no esforço pelas mudanças culturais necessárias para aceitação das novidades por parte do mercado.

Como reduzir o produto

Procure reduzir o conteúdo material do produto, verifique se este tem o menor tamanho possível para cumprir com as necessidades e desejos do usuário, ainda proporcionando um uso seguro e confortável. Algumas diretrizes para o projeto visando a Redução:

> **Procure expressar qualidade por meio do bom design, no lugar de fazê-lo pelo dimensionamento.**
>
> **Miniaturize o produto, transmitindo a sensação de qualidade e tecnologia pelo pequeno tamanho dos componentes.**
>
> **Estude diferentes arranjos de volume e peso. No caso de produtos que serão transportados com frequência ou no de veículos, priorize a redução de peso em relação a de volume.**
>
> **Obtenha rigidez necessária acrescentando elementos estruturais, como nervuras e saliências, podendo assim reduzir a espessura e consequentemente a quantidade de material empregado. Se necessário contrate um engenheiro, o custo maior do projeto pode ser compensado pela economia de material na fabricação.**
>
> **Evite componentes ou partes não funcionais, apenas adornos.**
>
> **Combine funções entre componentes. Por exemplo, em produtos leves, o chassi pode ser o próprio gabinete.**
>
> **Reduza o número de botões físicos e substitua por botões virtuais, no software, quando aplicável. Assim são poupados chaves, controles, fios, molas de retorno, acabamentos. Fisicamente, ficaria apenas a chave liga-desliga.**
>
> **Em produtos eletrônicos e informática, quando for possível digitalize também algumas funções.**
>
> **Analise a possibilidade de desmaterializar o produto ou partes deste, concebendo formas não materiais de cumprir com a mesma função (veja estratégia 31 Desmaterialização).**

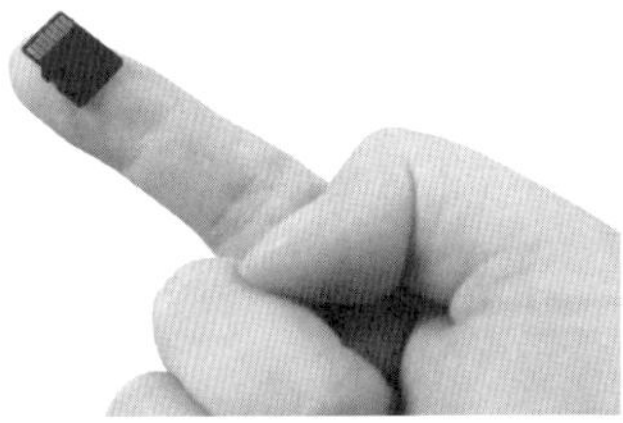

Miniaturização, digitalização de funções
Normalmente, o segmento que mais facilmente incorpora princípios de redução é o de eletrônicos portáteis. As conquistas tecnológicas somado a percepção dos consumidores que quanto menor, melhor, facilitam a inclusão desta estratégia neste grupo.
Neste segmento também é possível reduzir comandos físicos substituindo por virtuais, bem como digitalizar funções.

Combinação de funções entre elementos do produto
Em produtos leves, como calculadoras, celulares, relógios, muitas vezes é possível abrir mão de chassi, utilizando o próprio gabinete ou a placa eletrônica para estruturar e servir de suporte para os componentes.

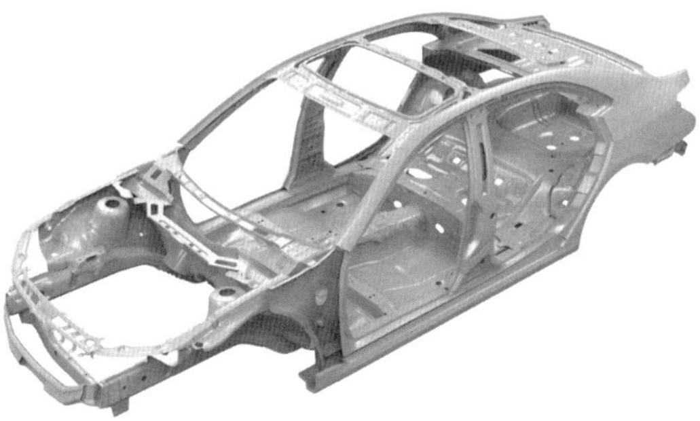

Rigidez atraves da estruturação
O chassi de automóvel é um bom exemplo de estruturação obtida com uso de nervuras, dobras e reforços estruturais. Com isso o peso dos veículos foi muito reduzido, bem como o gasto de combustível.

Redução ao essencial
O expremedor de frutas Citrange, de Quentin de Coster, cumpre sua função com o mínimo de material. A solução simples se encaixa diretamente sobre o copo, a pega central separa os dois tamanhos de ponteiras e protege a mão da passagem do suco.
A configuração compacta também facilita o armazenamento.

(Quentin de Coster)

Evite componentes não funcionais
A lata de lixo proposta por Jon Liow segura o saco em alguns pontos, que fica aberto sob tensão. Com isso não precisa ter material em toda circunferência.

Menor volume e peso

A cúpula de luminária desenvolvida por Michael Sholk é formada por uma única folha de material flexível. É comercializada aberta e o usuário faz a montagem em casa. Sem partes desnecessárias e sem cola, parafusos, clipes ou qualquer outra forma de união.

(Minich)

Redução ao essencial

O kit de ferramentas WRENCHit, da Minich, vem com chaves intercambiáveis, cada uma com um ou mais tamanhos, reduzindo o conjunto ao essencial.

Rigidez através da estruturação
O Snap, da Be-Elastic, é uma interessante solução para montar mobiliários. Um conjunto de hastes elásticas estruturam e funcionam como pés para montagem de mesas, estantes, prateleiras. É outro exemplo de uso de elementos estruturantes para obtenção de rigidez com pouco material. Neste caso, as propriedades elásticas das hastes são empregadas para estruturar os móveis sem necessidade de parafusos, pregos, colas ou ferramentas.

Cuidados ao aplicar a redução

Ainda que seja o melhor dos R's, como toda a estratégia de Ecodesign, a Redução deve ser avaliada diante de todo o ciclo de vida do produto. Podem ocorrer exceções, ou seja, uma nova tecnologia impacte menos o meio ambiente mesmo sendo de maior volume ou peso. Isso já ocorreu, por exemplo, quando surgiram as lâmpadas fluorescentes em substituição das antigas incandescentes.

Considere também a percepção de valor por parte do consumidor. Em muitos produtos do segmento de eletrônicos, por exemplo, frequentemente um produto menor é percebido como superior (como em baterias, pen drive, HD externo). Nestes casos a implantação de políticas de redução costuma ser bem sucedida, pois é bem aceita pelos consumidores e pelos fabricantes. Em outros produtos, entretanto, o consumidor entende como superior o produto de maior dimensão. Por exemplo, uma TV 60" tem um impacto ambiental maior do que uma de 32", mas naturalmente o consumidor entende como superior a televisão maior, e não aceitaria uma perda de qualidade tão grande assim, mesmo que sensibilizado para o problema ambiental. Neste exemplo, o caminho para obter ganhos ambientais e de qualidade simultaneamente foi desenvolver novas tecnologia que permitiram reduzir o peso e a quantidade de material sem reduzir sua tela, o que foi conseguido com a tecnologia de televisão tipo LCD, LED e outras, que substituíram as de tubo de imagem.

A cultura e a tradição da empresa também devem ser consideradas. Algumas empresas tradicionalmente fazem produtos grandes, superdimensionados. Seu consumidor típico pode entender o tamanho como sinônimo de resistência, durabilidade. Neste caso, a redução deve ser estudada com cuidado. Mas nos casos em que o consumidor não entender este excesso como qualidade, ou quando a impressão de resistência possa ser transmitida de outra forma, a redução pode ser um ótimo caminho para obter ganhos econômicos e ambientais simultaneamente.

24

Projetar produtos integrados

A Integração de Funções é uma estratégia na qual um único produto atende a duas ou mais necessidades. Esta é uma forma de reduzir o impacto ambiental por meio da redução do número de produtos manufaturados, sem perda na qualidade na relação entre o consumidor e o produto.

Um exemplo de produto em que ocorreu uma intensa e bem sucedida integração de funções é o telefone celular. De instrumento de comunicação, passou a acumular funções de calculadora, GPS, leitor de livros, navegador na internet, câmera, agenda, relógio, despertador, player de música etc., substituindo, assim, vários outros produtos.

Como integrar de funções

Estude aspectos tecnológicos, culturais, financeiros e ergonômicos da integração de funções, para avaliar a aplicabilidade no produto que está sendo desenvolvido.

Avalie que funções poderiam ser combinadas.

Estude as necessidades técnicas: potência, desempenho, resistência, durabilidade etc. e veja se a integração é tecnicamente possível e viável.

Estude as necessidades de uso, se podem ser atendidas por um único produto.

Avalie que outros produtos são usados em conjunto ou de forma complementar, para que a integração de funções seja coerente e prática para o usuário.

Estude a frequência de uso das funções pelos consumidores.

Estude a aceitação do consumidor para este tipo de solução.

Avalie o peso e dimensões do produto novo com as funções integradas.

Verifique a lucratividade do sistema integrado.

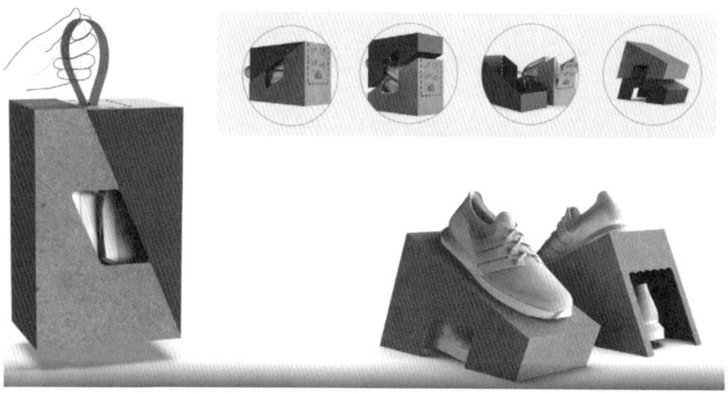

(Elif Bulut)

Funções combinadas
O Stand Box, de Elif Bulut, integra três funções: é embalagem, display e sacola de transporte. E ainda pode ser reusada pelo usuário para poupar espaço no armazenamento dos sapatos no armário.

Funções que podem ser combinadas
Algumas funções podem ser facilmente combinadas, como impressão, cópia e digitalização de documentos, dando origem impressoras multifuncionais.

Integrando produtos que são usados em conjunto
Victor Lopes Mascarenhas e Rodrigo Maia desenvolveram uma forma de biscoito que elimina a necessidade de colher descartável. O biscoito servido junto com o café tem formato que permite seu uso para misturar o líquido.

Aceitação do consumidor
O aparelho celular e o computador são exemplos de equipamentos com várias funções acumuladas de ampla aceitação.

Integrando produtos que são usados de forma complementar

Véiculos de manutenção urbana que executam diferentes tarefas podem ter suas funções combinadas, já que fazem o mesmo trajeto. Por exemplo, existem alguns projetos conceituais de veículos de coleta do lixo que também varrem a rua. A combinação de funções poupa combustível, e também reduz o engarrafamento e o ruído na cidade.

Integrando produtos que são usados em conjunto

O Magic Spoon, de Ivan Erkic, é uma colher com uma solução engenhosa de incluir uma curvatura no cabo para formar um grampo. Assim podem ajudar a fechar embalagens, além de ser uma solução simples para prende-los nos pratos.

Aceitação do consumidor

Canivete é outro exemplo de produto com ampla aceitação basicamente pela caracteristica de integrar funções

(Damien Regamey)

Diferentes necessidades atendidas por um único produto
A mesa Celerina, de Damien Regamey, é outra solução de mesa que atende a duas necessidades. Ganhou um prêmio A'Design em 2016.

Cuidados na Integração de Funções

A estratégia Integração de Funções muitas vezes é de fácil aceitação, pois pode ser mais prático para o usuário ver várias necessidades atendidas por um único objeto. Entretanto, como qualquer estratégia, todo o ciclo de vida deve ser observado antes de optar. A combinação de funções pode provocar problemas em longo prazo.

Se um produto tem mais de uma função, uma melhoria tecnológica que poderia reduzir o impacto ambiental pode não ser aplicável porque funcionaria bem em uma função, mas não em outra.

Uma possibilidade para reduzir riscos desta natureza é não misturar funções mecânicas e eletrônicas, porque essas últimas costumam ser atualizadas rapidamente, enquanto as mecânicas não.

Outro aspecto que deve ser considerado é o consumo energético da solução integrada. Por exemplo, na década de 1990 foram lançados vários modelos de televisão com videocassete, uma integração aparentemente coerente. Esses produtos poupavam 5 a 10% de matéria-prima, mas gastavam 20% a mais de energia. Ao longo de todo ciclo de vida, o impacto era provavelmente maior [7].

VII Estratégias para a Durabilidade Apropriada

A princípio, o ideal para o meio ambiente seria aumentar ao máximo a durabilidade dos produtos, ou seja, prolongar sua vida útil, para evitar o impacto da produção de um novo modelo. Entretanto, como há exceções a esta regra, mais adequado do que estender a vida útil é otimizar a vida útil, projetando uma Durabilidade Apropriada.

Uma das exceções à regra de aumentar ao máximo a durabilidade ocorre nos produtos que impactam mais na fase de uso. Nestes casos, em duas situações a substituição de um produto antigo por um modelo mais moderno pode reduzir o impacto. Uma é o surgimento de novas tecnologias, que melhorem o rendimento do produto. Outra ocorre nos produtos que tendem a aumentar o consumo com o desgaste natural das peças. Ambas as situações são comuns em equipamentos que usam energia ou insumos na fase de uso, como lavadoras, geladeiras, lâmpadas e veículos. Nestes casos, o impacto da troca prematura do produto pode ser compensado pela redução do consumo de água, eletricidade ou combustível. Ou seja, no balanço de todo o Ciclo de Vida, a troca pode significar redução do impacto ambiental.

O gráfico Impacto Ambiental x Tempo de Uso para estas categorias de produtos costuma ser uma curva em forma de 'U', onde o impacto do uso vai sendo reduzido até um ponto mínimo e depois volta a crescer (figura 3).

Portanto, a abordagem ideal seria identificar o momento mais adequado, do ponto de vista ambiental, para a troca do produto. A seguir, criar mecanismos para incentivar o consumidor a realizar a troca neste momento, não antes ou depois. E, em paralelo, estudar formas de manter a lucratividade do negócio mesmo no cenário de adiamento da troca do produto.

Entretanto, a substituição do produto não ocorre de acordo com este tempo ideal, mas quando o consumidor sente desejo de fazer a substituição. Vários fatores levam o consumidor a desejar trocar um produto: defeitos, arranhões e amassados, defasagem estética, defasagem de desempenho, consumo de energia, etc.

O peso que cada motivo recebe varia de usuário para usuário. Alguns valorizam muito o desempenho, outros os custos, outros a estética, outros

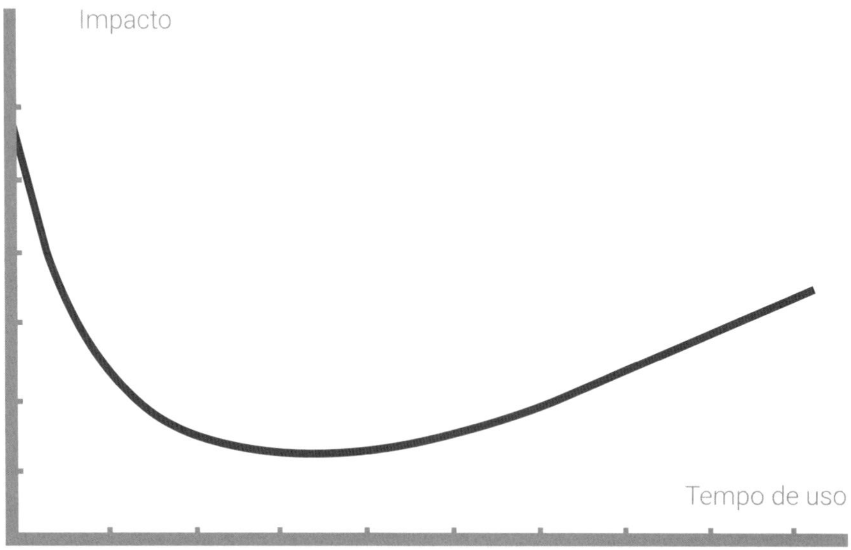

Fig. 3 Exemplo de curva Impacto Ambiental x Tempo para produtos que consomem energia e ou insumos.

são influenciados por modismos. É importante, portanto, identificar as características do consumidor típico do produto.

Fatores externos também influenciam: um aumento de salário pode estimular a compra de novos objetos, um novo carro que o vizinho comprou pode motivar a troca do atual, a chegada de um filho ou mudança de casa estimula uma troca dos móveis.

Uma vez compreendida a razão do descarte, podem ser aplicadas soluções de design para reduzir o gap entre a vida útil ideal pela ótica ambiental e a vida útil real praticada pelo consumidor. Por exemplo:

> Caso o descarte do produto costume ser provocada por defeitos, a ênfase deve ser dada nas estratégias relacionadas à resistência e manutenção. Para este caso, desenvolva um design que facilite a manutenção.
>
> Se o usuário tipicamente troca o produto porque há outro de menor consumo, permita a troca fácil de componentes que se tornam defasados.
>
> Caso a troca seja motivada por alterações estéticas, ou por riscos e arranhões, permita que o gabinete possa ser substituído.
>
> Se o consumidor busca avanços tecnológicos, use design modular, para que o usuário atualize componentes.

Algumas perguntas que a equipe deve se fazer:

> As estratégias de Ecodesign que estão sendo aplicadas são adequadas ao usuário, ou seja, se aplicam a sua motivação?

Reduzem o impacto quando se pensa em todo o Ciclo de Vida?

As estratégias são adequadas a cultura da empresa e aos seus interesses econômicos?

Este último questionamento é o mais delicado, porque frequentemente a política das empresas é justamente estimular a troca prematura do produto para realizar novas vendas.

Ao longo do século XX foram desenvolvidas técnicas de estimular o descarte prematuro, por meio de diversas formas de obsolescência programada, como Obsolescência de Qualidade, Obsolescência Tecnológica e Obsolescência de Estilo.

As estratégias para estimular o consumidor a trocar de produto tiveram forte incremento a partir da década de 1930, como forma de reação à depressão econômica de 1929, e se intensificaram ainda mais no pós-guerra. Os mercados foram se tornando saturados, as empresas passaram a ter dificuldade de encontrar novos compradores e a competição se tornando mais acirrada. A solução encontrada foi estimular consumidor a substituir produtos que já possuía, isto é, os produtos não deveriam mais ser duráveis, deveriam ser repostos, e para isso precisavam tornar-se obsoletos [3]. Algumas das estratégias de obsolescência são resumidas a seguir.

A Obsolescência de Qualidade Ocorre quando a empresa deliberadamente projeta um componente do produto com resistência inferior, prevendo a quebra ou o desgaste, de forma a reduzir a durabilidade do produto. Outra estratégia semelhante ocorre quando a empresa lança mão de uma política de preços para peças de reposição que torna a manutenção dispendiosa a tal ponto que a aquisição de um novo produto passa a ser mais atraente economicamente.

Normalmente, pelo mesmo custo ou custo ligeiramente superior, seria possível oferecer ao consumidor um produto com vida útil muito longa.

A Obsolescência Tecnológica Refere-se à substituição de um produto por outro de melhor desempenho. Apesar da superioridade do novo produto, frequentemente a troca seria desnecessária, já que o produto substituído cumpria com sua função de forma satisfatória, e o desejo de troca ocorre apenas devido ao fascínio que a tecnologia e o novo exercem sobre alguns usuários.

O descarte prematuro de produtos também pode ocorrer por alterações estéticas, caracterizando a Obsolescência de Estilo. Esta, também conhecida por Obsolescência Social, de Desejo ou de Gosto, ocorre a partir da percepção, por parte do usuário, de que seu produto está esteticamente ultrapassado. O produto não sofre um desgaste físico, mas psicológico em sua relação afetiva com seu usuário, tornando-se menos desejável.

Provocado inicialmente pelo setor produtivo, o movimento de busca de novidades e troca precoce do produto se tornou um hábito cultural e se acelerou. Atualmente, em alguns setores, mesmo as empresas se veem reféns deste ciclo, que as obriga a grandes investimentos no lançamento de novos modelos, que precisam ser desenvolvidos, testados, divulgados.

Embora estimular a troca prematura dos produtos costume incrementar as vendas, a estratégia de aumentar a vida útil pode ser economicamente interessante também. Esta abordagem permite vender o mesmo benefício ao consumidor, com uma quantidade menor de produtos associados a este benefício, portanto gerando economia de recursos para empresa. A lucratividade perdida na venda cíclica de novos modelos pode ser compensada com outras formas de rendimentos, proporcionados por novos modelos de negócio, por exemplo, venda de serviços complementares de personalização e manutenção (veja as estratégias 29 - Sistema Produto–Serviço e 31 - Desmaterialização), venda de módulos e componentes (veja a estratégia 28 - Projetar Produtos Modulares), venda de *upgrades*, peças de reposição, de itens de personalização. Há ainda ganhos relacionados à melhora na percepção de qualidade do produto, aumento do valor da marca, fidelização e aumento do vínculo entre o consumidor e a empresa.

25

Aumentar a resistência

Caso o descarte prematuro do produto ocorra por quebras, estude formas de aumentar a resistência. Práticas como obsolescência técnica não apenas aumentam o impacto ambiental do produto, como também colocam em risco a marca da empresa, que pode ser associada a produtos de baixa qualidade.

Geralmente por um pequeno aumento de custo é possível prolongar significativamente a durabilidade dos componentes, já que normalmente a matéria-prima tem pouco impacto no preço do produto.

Como aumentar a resistência

Estude seu produto, identifique as partes que se desgastam ou quebram mais rapidamente e estude como aumentar sua durabilidade. Algumas diretrizes de design que podem aumentar a resistência mecânica do produto:

Selecione materiais mais duráveis. Essa costuma ser a forma mais simples e óbvia de aumentar a resistência do produto.

Inclua nervuras e outras formas de reforço nos pontos mais sujeitos às avarias.

Especifique o acabamento superficial adequado ao uso do produto. Por exemplo, em móveis, nas superfícies sujeitas a desgaste e danos, prefira cobertura de laminados, vernizes resistentes a raios UV ou outros

acabamentos duradouros. Nas demais superfícies, não há necessidade deste cuidado.

Procure simplificar o produto, reduzindo o número de peças. Geralmente produtos simples duram mais, porque têm menos partes sujeitas a defeito ou desgaste.

Uma das partes mais sujeita a quebra são as junções, logo preveja uniões robustas. Entretanto, quando se tratar de materiais incompatíveis, essas uniões devem ser reversíveis.

Reduza o número de articulações, onde não for possível reforce estes componentes.

Evite posicionar articulações nas áreas de maior esforço.

Produtos que serão movimentados com frequência estão mais sujeitos a fadigas. No caso de móveis, acrescente rodas para reduzir o risco de danos.

Calcule tolerâncias e ajustes adequados nos pontos de contato para evitar desgaste por folgas e atritos.

Inclua buchas, graxa ou óleos em partes que atritam.

Em aparelhos eletrônicos inclua fusíveis, para proteger o produto de queima.

Quando possível troque sistemas mecânicos por eletrônicos, que tendem a durar mais.

Se o consumidor souber usar o produto corretamente, o risco de quebra é reduzido. Aprimore a usabilidade do produto para que seu uso seja intuitivo.

Nas situações nas quais o usuário não pode deduzir como o produto deve ser utilizado apenas observando a sua forma, inclua instruções no próprio corpo do produto, ou inclua manuais ou fichas de instrução rápida.

Boa parte das quebras dos produtos ocorre durante limpeza e transporte. Para reduzir este risco, inclua instruções sobre como realizar estes procedimentos de forma segura.

(Artek)

Formas simples
O Banco modelo 60, projeto de Alvar Aalto para a Artek, lançado há 80 anos, é exemplo de design com traços simples, que proporciona durabilidade e estética atemporal. As pernas em formato de L, sem emendas, garante grande resistência a choques e quedas.
Apesar de ser tão durável, já foram vendidas mais de 5 milhões de unidades.

(Rita Koralevics)

Materiais duráveis
Outro exemplo de novos materiais aumentando a durabilidade de componentes normalmente frágeis.
A cúpula da luminária The Dome, de Rita Koralevics, é moldada em um composto de papel com concreto.

Materiais duráveis
Bancos públicos tipicamente são produzidos em materiais duráveis e resistentes ao tempo, como concreto. O modelo projetado por Shoeb Khan inova pelo arranjo que prevê o uso tanto interagindo com os outros como concentrado em seu computador ou *smartphone*. Os usuários podem sentar-se voltados para o exterior, usando o banco atrás como encosto, ou sentar-se voltados para o interior, usando como mesa.

Materiais duráveis
Novos materiais podem trazer durabilidade a produtos tipicamente efêmeros. O *squeeze* Keego, de Lukas Angst, é produzido em uma liga de titânio, que, ao contrário do tradicional plástico, apresenta alta resistência e durabilidade.

Durabilidade coerente

Projete o produto de forma que todos seus componentes tenham a durabilidade semelhante. Se o produto não vai durar mais do que dez anos, não adianta empregar um componente superdimensionado que dure vinte, pois este superdimensionamento provavelmente terá um custo financeiro e um impacto ambiental maior, sem proporcionar aumento na durabilidade do produto.

Uma exceção é se este componente superdimensionado puder ser reaproveitado em outros produtos. Para estes casos, preveja a fácil retirada, e uma rede de logística reversa que viabilize economicamente a volta do produto à fábrica (vide 20 - Projetar para Remanufatura).

26

Estimular a manutenção e reparo

Frequentemente produtos em bom estado são descartados porque um de seus vários componentes foi danificado. Se a manutenção for difícil ou dispendiosa, o usuário tende a descartar o produto todo a cada defeito.

Além da manutenção corretiva, uma política de manutenção preventiva é outra forma de aumentar a vida útil dos produtos. Muitas vezes a falta de manutenção é responsável pelo desgaste prematuro ou quebra de componentes.

Usualmente a manutenção preventiva ou o reparo não são praticados por limitações do projeto, que não as prevê adequadamente. Em alguns casos exige ferramentas especiais, de alto custo, em outros o tempo necessário é muito longo, porque o acesso é difícil. Por isso, algumas medidas simples de projeto podem viabilizar a manutenção na maioria dos casos.

Como estimular atividades de manutenção

Procure projetar de forma que as operações de inspeção e reparo sejam mais simples possíveis. Algumas diretrizes para simplificar a manutenção:

> **Preveja que a manutenção seja realizada no próprio local de uso. Os produtos devem ser passíveis de serem reparados pelos profissionais locais com o conhecimento que já possuem.**

Caso seja impossível, desenvolva treinamentos simples e à distância.

Facilite o acesso aos componentes internos. Evite áreas difíceis, como cavidades, fendas estreitas, pontos cegos.

Selecione sistemas de união reversíveis, e que possam ser abertos empregando ferramentas de uso universal, ou encaixes e engates de pressão que não precisem de ferramentas especiais.

Se for inevitável o uso de ferramentas especiais para a manutenção, considere incluí-las no produto. Ou estude a criação de uma rede de envio eficiente, de baixo impacto.

Especifique peças de reposição padronizadas, fáceis de encontrar no mercado nos locais onde o produto está sendo comercializado. Além de viabilizar manutenção, esse cuidado torna possível o reparo mesmo após o produto sair de linha, pois é possível utilizar os componentes de outros produtos ainda em fabricação.

Se for inevitável o uso de componentes não disponíveis universalmente, crie um sistema eficiente de envio, para manutenção local. Priorize também componentes que se desgastam ou quebram mais facilmente, como partes sujeitas a arranhões, perda de cor, quebra, que sofram atrito ou movimento constante, etc.

Além da manutenção, preveja também a viabilidade de troca de componentes para realização de upgrades de atualização.

Indique no manual e no próprio produto os componentes que necessitam de manutenção, inspeção, limpeza, lubrificação ou abastecimento. Destaque, por exemplo, usando um código de cores.

Inclua informações sobre essas operações de conservação: como realizar os procedimentos, lista de problemas que podem ocorrer e como corrigi-los, ferramentas necessárias.

Quando possível, inclua sistemas para autodiagnóstico dos componentes que devem sofrer manutenção.

Inclua marcações indicando onde e como o produto deve ser aberto. Indique quais parafusos fixam a carenagem, para orientar a ordem correta de abertura.

Caso existam engates de pressão, indique no produto onde deve ser aplicada força para abrir os encaixes sem risco de quebras.

Escolha acabamentos cujos retoques e manutenções sejam mais simples.

Destaque componentes devam receber abastecimento ou inspeção
Os itens que devem ter atenção do usuário, com abastecimento e verificação regular, podem ser destacadas em amarelo: óleo, água, fluídos.

Simplifique o acesso aos componentes internos
Um gabinete fácil de abrir, com componentes a mão, estimula o usuário a realizar manutenção e upgrades, aumentando a vida útil do produto.

Facilite abertura do produto
Inclua marcações no produto indicando onde e como o produto deve ser aberto, e se possível evite a necessidade de emprego de ferramentas especiais. Assim o usuário fica mais estimulado a fazer limpeza, manutenção preventiva ou upgrade.

Facilite o upgrade do produto
O PuzzlePhone é um smartphone modular que permite a troca de componentes pelo próprio usuário, para aumentar a vida útil do produto. São três módulos substituíveis e customizáveis: o "cérebro" (eletrônicos), "o coração" (bateria) e a "coluna" (tela).

Aspectos econômicos do reparo

Pratique uma política de preços que torne viável economicamente o conserto do produto.

Após a saída do produto de linha, o ideal é que peças de reposição sejam mantidas em estoque ou produção por pelo menos cinco anos. Deve ser planejado também um sistema de comercialização dessas peças de reposição, seja enviando por correios, seja distribuindo em lojas etc.

Em alguns produtos mais complexos, a adoção de uma política de manutenção preventiva também pode ser empregada como forma de tornar viável o aumento da durabilidade. Atividades de revisão planejada, realizada pela própria empresa ou rede de concessionárias, pode ser uma forma de recuperar a perda financeira do aumento da duração dos produtos, e assim manter o negócio viável economicamente, ao mesmo tempo que reduz o impacto ambiental do produto.

Rede de manutenção local

O ideal é que a manutenção seja descentralizada, realizada por empresas locais onde o produto será comercializado. Desta forma é incentivada a criação de novos negócios e a geração de postos de trabalho na região.

Com isso dois aspectos da sustentabilidade são alcançados simultaneamente, a redução de impactos ambientais pelo deslocamento do produto até os grandes centros e desenvolvimento local.

27

Estimular uma relação duradoura do usuário com o produto

Procure criar uma ligação afetiva duradoura entre o usuário e o produto, para que ele não se sinta estimulado a substituí-lo em pouco tempo.

Algumas marcas são bem-sucedidas em criar essa relação afetiva perene entre o usuário e o produto. Frequentemente, nestes casos, os produtos são duráveis, personalizáveis, a estética não está sujeita a modismos e o usuário se preocupa com a conservação.

Como estimular a conservação

Procure fazer com que a conservação e o cuidado com o produto sejam um momento a mais da relação entre o usuário e o produto, além do uso em si. Usuários tendem a ficar mais tempo com produtos com os quais dedicaram cuidados.

Procure tornar as tarefas de conservação do produto um hobby.

Inclua informações ilustradas para montagem, conservação e uso.

Conte a história do produto, de seus materiais e origens.

Informe o tipo e a origem da madeira, se for o caso.

Informe que materiais e tratamentos superficiais empregados e como fazer sua conservação.

Se for o caso, inclua também informação sobre ergonomia, saúde e uso seguro do produto.

Informe se o produto é adequado ao uso comercial (mais intenso) ou apenas doméstico.

Se o produto for de uso externo, incluía instrução sobre durabilidade diante de intempéries.

Se o produto interagir com outro, cuide também para que ele não acelere o desgaste do outro.

Conservação do produto como hobby
Estimule o usuário a cuidar do produto como mais uma atividade lúdica.

Interação entre produtos e a durabilidade
Um produto pode influenciar a durabilidade de outros. O cabide Stretchless Hanger, Rob Bye, pode ser inserido na camisa sem esgarçar sua gola, aumentando sua durabilidade.

Como desenvolver uma estética perene

Muitos produtos são substituídos enquanto ainda estão em perfeito estado de funcionamento, e sem que nenhum avanço tecnológico tenha sido acrescentado; um descarte prematuro provocado apenas por modismos.

Nos segmentos onde for possível superar a cultura incutida no mercado por trocas constantes, considere algumas diretrizes para estimular uma relação afetiva duradoura entre o usuário e o produto:

Quando possível, permita algum grau de personalização do produto.

Opte por uma estética menos subordinada a modismos.

Desenvolva um design relevante, clássico, interessante, evite formas sem força e sem sentido.

Evite formas rebuscadas demais, que tendem a entediar o usuário.

Opte por materiais que não percam qualidade ao longo do envelhecimento, nos quais as marcas do tempo sejam vistas como um fator de nobreza e não de depreciação. Nestes casos, as marcas naturais do uso podem ser vistas como o registro de uma história, que valoriza o produto, ao invés de depreciá-lo.

Personalização e conservação
Algumas marcas são bem-sucedidas em criar uma duradoura relação afetiva entre o usuário e o produto. Frequentemente, nestes casos, os produtos são confiáveis, geralmente personalizáveis, com uma estética não sujeita a modismos, e o usuário se sente estimulado a cuidar da conservação.

Materiais que evoluem com o envelhecimento
Appearing-Pattern, de Sofia Lagerkvist, Charlotte von der Lancken, Anna Lindgren, Katja Sävström e Sofia Stattin, é um projeto conceitual que se propõe a inverter a ordem natural do envelhecimento: no momento da compra, o papel de parede tem uma cor sólida, mas uma padronagem de fundo surge com o passar do tempo e exposição à luminosidade. Com isso provoca um questionamento dos valores de consumo incutidos na sociedade.

(Marco Schembri)

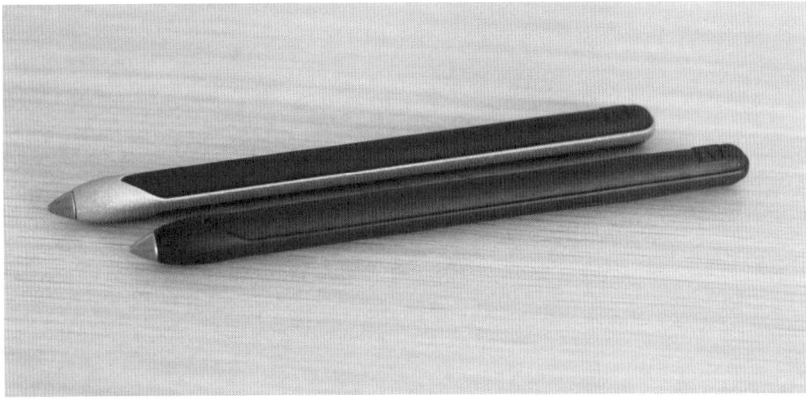

Estética perene
A caneta Libra pen, de Marco Schembri, procurou unir um design sóbrio e atemporal com uma tecnologia de escrita que emprega uma liga metálica patenteada que cria linhas intermináveis no papel, sem se consumir.

Materiais apropriados ao envelhecimento
Jeans, couro e madeira são exemplos de materiais cujo envelhecimento pode ser trabalhado de forma a não depreciar o produto. Por exemplo, móveis construídos com madeira de demolição têm em suas mossas um registro da história que aquela peça vivenciou.
Essa qualidade se tornou tão valorizada que a madeira de demolição se tornou escassa.

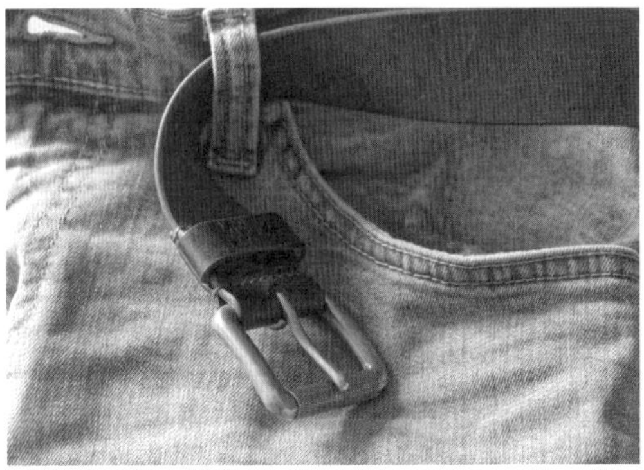

Estética perene
Alguns produtos se tornam clássicos. As cadeiras criadas por Michael Thonet, em 1858, e a de Arne Jacobsen, de 1952, são alguns exemplos de estética que resistiu ao tempo.

28

Projetar produtos modulares

Desenvolva produtos configurados em módulos para que partes sujeitas a desgaste ou desatualização possam ser trocadas facilmente, ou para que o produto possa ser modificado para se adequar a novas necessidades do usuário. A solução em módulos facilita também diversas práticas como manutenção, atualização, desmontagem, remanufatura, reuso e reciclagem, aumentando a vida útil do produto.

Como projetar produtos com estrutura modular

Crie produtos modulares e reconfiguráveis, para adaptação a diversas necessidades e situações de uso:

Projete para que um mesmo produto atenda a diferentes usos e necessidades, trocando os módulos e mantendo uma estrutura central.

Estude a possibilidade de o produto ser adaptado para acompanhar o crescimento e as mudanças físicas e culturais dos indivíduos.

Em produtos mais sujeitos a modismos, preveja que componentes exteriores, estéticos, possam ser substituídos, e uma estrutura central mantida.

Projete de forma que as trocas de componentes sejam realizadas pelo próprio usuário, sem necessidade de ferramentas especiais.

Inclua no manual instruções para a atualização, adaptação e troca de componentes pelo próprio usuário.

Modularidade para diferentes usos
Alguns produtos têm ciclo de vida muito curto, como o carrinho de bebê. Na solução modular proposta por Ka Wai Ng, a estrutura do carrinho pode receber diferentes componentes, permitindo outros usos, como carinho de compras, andador para idosos ou banco.

(Chia Chun Chuan)

Modularidade para diferentes usos
A linha de móveis Moon, de Chia Chun Chuan, é modular, fácil de montar, com aparência atemporal. Pode ser empilhado, utilizado como mesa, banco, armário.

Produto acompanha o crescimento
A premiada cadeira Tripp Trapp é adaptável e cresce junto com a criança, podendo ser usada dos primeiros meses até a adolescência.

Produto acompanha o crescimento
Outra solução para o problema da curta vida útil de mobiliários destinados a criança. No berço Smart kid, de Heiki Must e Pavel Sidorenko, a solução modular permite o uso inicial como berço, a seguir cercadinho e por fim como cama e módulo de estudo.

(Lim Sugmook)

Trocas e ajustes realizadas pelo próprio usuário
A Modibag, de Lim Sugmook, pode ser montada pelo usuário de diferentes formas, atendendo a várias necessidades, a partir de uma peça única. Recebeu um prêmio Red Dot.

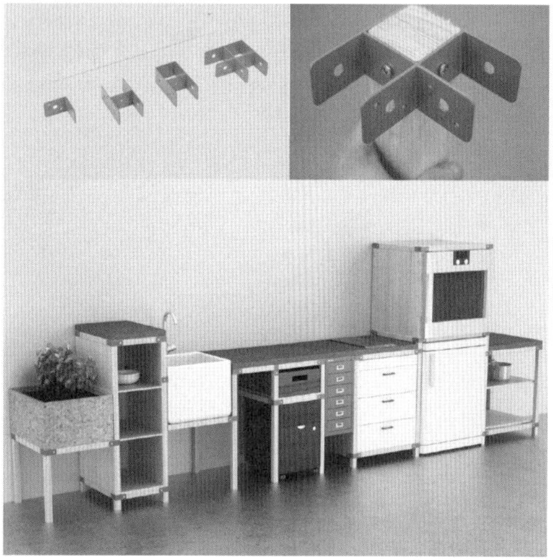

(Linus Hagberg)

Trocas realizadas pelo próprio usuário
O Mobiliário The Hacka kitchen, de Linus Hagberg , é um sistema modular composto de vigas de madeira de tamanho padrão unidas com juntas de metal. Quando combinados, formam uma estrutura na qual são adicionadas superfícies, gaveteiros, armários, etc.
O próprio usuário cria ou atualiza seu mobiliário. As vigas tem guias para orientar os cortes e furações, que pode ser realizado com ferramentas simples.

(Marta Adamska)

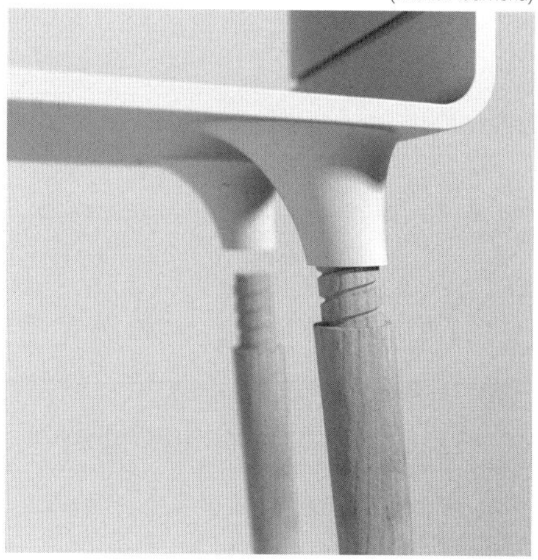

Trocas realizadas pelo próprio usuário
A mesa lateral Nomada, de Marta Adamska, pode ser utilizada em 12 diferentes configurações, a partir de trocas de elementos realizadas pelo próprio usuário, sem necessidade de ferramentas.

Algumas classes de produtos, como eletrônicos e informática, têm um ciclo tecnológico muito curto, isto é, se tornam desatualizados muito rapidamente. Porém apenas alguns dos componentes destes produtos são modernizados. Chassis, cabos, contatos, parafusos, chaves, fusíveis, leds, nenhum desses componentes se tornam obsoletos. Uma possibilidade de evitar o descarte total do produto prematuramente é prever a possibilidade de aproveitamento das partes que não se desatualizam. Algumas sugestões:

> **Estude os componentes do seu produto e separe-os o em dois grupos: componentes e subsistemas de rápida evolução tecnológica e de lenta evolução. Configure o produto de forma que os componentes de rápida evolução sejam facilmente destacáveis e substituíveis, enquanto que os componentes de lenta evolução estejam no 'núcleo' do produto, a parte deste que é mantida.**
>
> **Permita que o software controlador do produto, se houver, também possa ser atualizado.**
>
> **Forneça instruções para a atualização e adaptação do produto pelo próprio usuário, quando possível.**

Outros produtos, como mobiliários e vestuário, não sofrem desatualização tecnológica, mas são sujeitos a modismos e sofrem desatualização estética frequente.

Há, ainda, aqueles muito sujeitos a quedas e impactos durante o uso, como celulares e relógios. Estes arranhões e marcas desvalorizam o produto e levam o consumidor a desejar a troca prematuramente.

Nestes casos, uma possibilidade é permitir o aproveitamento das partes que não se desatualizam ou não se deterioram, para não desperdiçar o produto como um todo. Algumas possibilidades:

Em eletro-eletrônicos, projete as partes estruturais separáveis das carenagens e peças de acabamento.

Em mobiliários, preveja a troca de espumas e capas de estofados, em mesas, a troca do tampo.

Além da troca em caso de deterioração, preveja a possibilidade de substituição para atualização estética em caso de mudanças de ambiente ou reformas.

Preveja a substituição sendo realizada pelo próprio usuário. Os custos e impactos do transporte de móveis são elevados, inviabilizando tanto econômica como ambientalmente a substituição do componente na fábrica.

Carenagens e acabamento separáveis
Alguns modelos de laptop permitem a troca da tampa do gabinete pelo próprio usuário, sem necessidade de ferramentas. Assim podem ser substituídos em casos de arranhões ou para personalização.

Considerações sobre a modularidade

Como acontece em várias estratégias de Ecodesign, a modularização do produto também deve ser feita com cuidado, porque em alguns casos aumenta custos de manufatura e montagem. Sendo assim, estude as implicações na manufatura antes de decidir pela modularidade.

O impacto financeiro da maior durabilidade do produto pode ser compensado pela comercialização dos componentes e porque o fabricante vende menos matéria, apenas o módulo a ser substituído e não o produto como um todo. Além disso, como o módulo central é sempre o mesmo, o fabricante é beneficiado pela fidelização do consumidor.

VIII Estratégias para Novos Cenários - Design Estratégico

As estratégias deste grupo focam não no desenvolvimento de produtos, mas de sistemas, negócios e abordagens de mercado inovadoras.

São soluções disruptivas, nas quais as inovações ocorrem não apenas no nível do design, mas de todo o negócio da empresa e em como ela se posiciona e atua no mercado.

Estas são as estratégias com maior potencial de benefícios ambientais, mas também são as mais difíceis de implementar, justamente porque dependem de mudanças profundas não somente no produto, mas também em todo o modelo de negócios.

Nos casos em que não sejam possíveis em um primeiro momento, essas estratégias podem estar presentes no brainstorming das equipes, como uma reflexão para o futuro. As diretrizes apresentadas a seguir são apenas uma introdução ao tema, que precisa ser aprofundado e amadurecido antes de ser implementado em uma empresa.

29

Sistema Produto Serviço

O Sistema Produto–Serviço - SPS é uma estratégia que se insere no conceito de Economia de Serviços. Por esta abordagem, o negócio da empresa deixa de ser a manufatura e comercialização de um produto e passa a ser a prestação de um serviço equivalente.

Esta é uma abordagem sistêmica, pela qual se compreende um produto não por sua existência física, mas pelo benefício ou qualidade que este proporciona ao usuário. Quando um consumidor compra um desinfetante, por exemplo, na verdade não está adquirindo um produto químico, mas a benfeitoria de um piso higienizado. No Sistema Produtos–Serviços, portanto, o produto é entendido como um meio, e não um fim.

Já existem diversos setores da economia onde o negócio se baseia em prestar serviços: transporte de mercadorias ou de pessoas, negócios baseados em aluguel de bens, sistema de assinaturas, leasing, são alguns exemplos.

No SPS, a princípio a empresa continua de posse dos produtos, e explora seu uso. Este modelo de negócio é, portanto, intensivo em capital, mas pode proporcionar retorno do investimento inicial pela exploração de um mesmo produto por um tempo mais longo.

Tecnologias recentes estão viabilizando negócios fundamentados na prestação de serviços sem a pose do produto ou bem físico pela empresa. Neste caso, esta apenas organiza e gerencia a oferta e demanda. É o que ocorre nos aplicativos que oferecem transporte automotivo, locação temporária de imóveis, compartilhamento de equipamentos, etc.

Como desenvolver Sistemas Produto-Serviço

Para fazer a transição de fabricante de produtos para prestador de serviços, reflita sobre algumas questões:

Primeiro, procure entender o produto atual como um sistema. Quais são as necessidades ou desejos a serem atendidos?

Procure visualizar formas alternativas de oferecer a mesma qualidade ou benfeitoria que o consumidor deseja ou necessita, sem que esta esteja necessariamente vinculada à venda de um produto.

Busque por oportunidades de novos negócios, especialmente em segmentos em que o usuário perceba mais qualidade ou economia no serviço do que na posse do produto.

Verifique a viabilidade econômica. A empresa tem capital suficiente para continuar como possuidora dos produtos?

Verifique também a viabilidade cultural e psicológica. O consumidor aceitaria não ter a posse sobre o produto neste segmento?

Avalie a possibilidade de oferecer o serviço sem a pose do produto ou bem físico pela empresa, sob a forma de plataforma para aproximar oferta e demanda.

Em segmentos onde SPS já ocorre, avalie a possibilidade de desenvolver novos produtos que facilitem seu uso. Muitos SPS são soluções recentes, com oportunidades para aprimoramentos.

Formas alternativas de oferecer a mesma qualidade

No segmento de fornecimento de água, havia dois modelos de negócio: venda de filtros e purificadores e serviço de distribuição de água mineral em galão.

Algumas empresas inovaram ao desenvolvere um modelo de Sistema Produto Serviço: o usuário recebe um aparelho purificador de água em casa, paga uma taxa mensal que inclui instalação, manutenção preventiva, troca de filtro e avaliação periódica da qualidade da água.

O ganho ambiental desta solução, comparada com a venda de purificadores, ocorre por aumentar a vida útil do equipamento, viabilizar remanufatura e a reciclagem. Quando comparado com o serviço de distribuição de água mineral, o ganho ambiental ocorre na redução do impacto na fase de distribuição.

Aprimoramentos em PSS

Soluções simples podem melhorar a qualidade de alguns serviços. O projeto como X Ray train vision informam que segmentos do trem estão mais vazios, para orientar o usuário na plataforma. A informação vem das câmeras de segurança que já existem no interior dos vagões, e avaliação é realizada por softwares.

Formas alternativas de oferecer a mesma qualidade

Algumas empresas da Linha Branca têm testado soluções de serviços para o segmento para lavadoras, em colaboração com distribuidoras de energia. No lugar de vender lavadoras, as empresas disponibilizam um equipamento na residência do cliente, que paga por lavagem.

Além dos ganhos ambientais proporcionados pelo otimização da vida útil c nas estratégias de fim de vida, esta abordagem também cria incentivos para os clientes otimizarem o uso da máquina e, assim, reduzirem também o consumo da energia, água e detergente.

Segmentos com boa aceitação

Em alguns produtos a aceitação do sistema é mais fácil. Um exemplo é no segmento de pisos para ambientes comerciais. A empresa de carpetes Interface desenvolveu um modelo de negócio onde os clientes pagam uma locação mensal e a empresa disponibiliza, instala, faz a manutenção e substitui regularmente os trechos desgastados.

O negócio apresenta dois grandes benefícios ambientais: a vida útil do carpete é estendida, pois a empresa realiza uma manutenção regular e profissional. E o fim de vida é otimizado, pois a empresa recupera para reuso os trechos em bom estado e para a reciclagem os muito desgastados.

Para viabilizar o negócio, o design dos produtos foi fundamental. As cores e padronagem são segmentadas. Essa padronagem permite que segmentos do carpete sejam facilmente substituído sem destoarem do resto do grupo.

Aprimoramentos em SPS

O projeto conceitual Hey Taxi!, de Lucas Couto, torna mais intuitivo e simples o uso de sistemas de aplicativos para transporte. O usuário aperta um botão físico, que pode estar preso a roupa, bolsa ou chaveiro, e o sistema aciona o aplicativo de transporte, tendo como destino um endereço previamente cadastrado, como a residência.

Assim, torna o uso possível para pessoas com dificuldades cognitivas para operar os aplicativos em smartfone.

Oportunidades de novos negócios

Outro segmento onde a aplicação de princípios de SPS é muito favorável é o de ferramentas de uso doméstico. São produtos de uso muito eventual, e onde o usuário normalmente não faz questão da posse do produto.

Benefícios ambientais dos Sistemas Produto-Serviço

A alteração do foco do negócio, da venda de um produto para a prestação de um serviço, apresenta potencial de ganhos ambientais em vários aspectos.

Primeiro, há uma tendência a aumentar a eco eficiência, pois a empresa tem seu interesse econômico invertido quanto ao rendimento do produto ou material. Quando comercializa um bem material, a empresa tende a aumentar seus lucros se este durar, pois pode fazer nova venda. Já quando comercializa um serviço, a empresa aumenta seus lucros se puder prestar o mesmo serviço com menos bens materiais. Um exemplo pode ser tirado da indústria automobilística. Algumas montadoras de automóveis terceirizaram o setor de pintura, ou seja, não adquirem mais tinta para os veículos, mas pagam pelo serviço de pintura dos carros, estabelecendo para isso parcerias com os fabricantes de tintas. Estas passam a operar dentro da linha de fabricação das montadoras e são remuneradas por veículo pintado, e não mais por litros de tinta vendidos. Como resultado, houve uma redução da quantidade de tinta gasta na pintura, porque as indústrias de tintas se sentiram estimuladas a aperfeiçoar o rendimento da tinta para aumentar seu lucro. Isso ocorreu sem perda de qualidade, uma vez que a montadora estabelece padrões a serem cumpridos e mantém o controle de qualidade. Os resultados apontam, na verdade, uma melhoria na qualidade da cobertura, com aumento na resistência à corrosão, a partir de metas estabelecidas pela montadora.

Outro aspecto ambiental favorável é a tendência ao aumento da durabilidade. Como a empresa continua, na maioria dos casos, a ser proprietária do produto, é de seu interesse que estes durem mais, para que seu lucro seja maximizado.

A posse do produto continuar com a empresa proporciona outros benefícios ambientais: é possível aplicar, mais facilmente, estratégias de Otimização da

Vida Útil. As manutenções preventivas e corretivas, por exemplo, ficam muito facilitadas, e tendem a aumentar a durabilidade do produto.

A empresa pode também empregar estratégias de atualização e upgrade, nos casos de produtos com tecnologias de rápida taxa de evolução.

O Sistema Produtos-Serviços facilita também a aplicação de estratégias de Ecodesign relacionadas ao Fim de Vida. A empresa recolhe o produto ao fim de sua vida e sabe a melhor forma de desmontá-lo. Como conhece toda sua história, também sabe quais componentes ainda estão em bom estado e podem ser reutilizados ou remanufaturados para novo uso. Por fim, a reciclagem também fica facilitada, porque a empresa conhece a procedência e composição dos materiais.

Futuramente, aplicação do SPS pode ainda permitir a introdução de novas tecnologias, mais avançadas e de baixo impacto, porém ainda de alto custo. Estas, muitas vezes, não são viáveis economicamente para um produto a ser comercializado, mas se tornam possíveis em um cenário em que ocorre a diluição do custo por meio de vários usos do mesmo produto.

Além da redução direta do impacto ambiental, existem outros benefícios ambientais indiretos desta estratégia. O estreitamento do contato do consumidor com a empresa permite a obtenção de informações importantes para os setores de projeto, como hábitos de consumo, de descarte, preferências, sugestões, críticas, tendências. Essas informações valiosas facilitam o planejamento estratégico da empresa e permitem que inovações de Ecodesign sejam inseridas com mais segurança.

Aspectos culturais e riscos dos Sistemas Produto-Serviço

Para que essa abordagem seja viável existem diversos desafios culturais a serem superados. No modelo Sistema Produtos-Serviços, o usuário deixa de ser um consumidor e passa a ser cliente, deixa de adquirir um bem e passa a adquirir um serviço. Em algumas culturas essa mudança é de difícil implementação, porque o usuário pode valorizar a sensação de posse do produto.

A categoria do produto também tem grande influência na aceitação deste modelo. Em alguns segmentos o usuário valoriza mais a sensação de virgindade do produto do que em outros, como vestuário, higiene e saúde, por exemplo. Para estes, adquirir e ter a posse de um produto pode ser importante.

No aspecto ambiental, embora existam vários ganhos em potencial, também ocorrem alguns riscos que precisam ser mitigados. Uma possibilidade é de os produtos durarem menos, apesar do esforço das empresas em aumentar sua durabilidade. Isso pode ocorrer porque os usuários tendem a ter menos cuidado com o produto dos quais não são proprietários. Outro impacto ambiental maior no modelo Sistemas Produtos-Serviços em comparação com a venda tradicional, é o provocado pelas visitas regulares de técnicos da empresa aos usuários, necessária em alguns segmentos. Se esses impactos não forem bem trabalhados, os ganhos ambientais da solução Sistema Produtos-Serviços podem ser perdidos.

30

Compartilhamento

Estimular e viabilizar o uso compartilhado de um produto por vários usuários é uma das soluções ambientais no nível de Design Estratégico. O compartilhamento propõe a redução do número de objetos manufaturados a partir de uma política eficiente de uso mútuo de produtos, que não implique em sacrifícios para comodidade do usuário.

Do ponto de vista do negócio, a princípio pode ser inconveniente para a empresa estimular o compartilhamento. Mas em alguns segmentos, esta estratégia pode criar novos mercados, como no caso das bicicletas compartilhadas. Outra oportunidade de negócios existe no desenvolvimento de produtos ou acessórios complementares, nos segmentos nos quais o compartilhamento já ocorra.

Esta estratégia frequentemente é empregada de forma combinada com Sistema Produtos-Serviços, ou faz parte intrínseca dele.

Como desenvolver produtos para uso compartilhado

Avalie oportunidades de negócio criando sistemas que viabilizem o compartilhamento de produtos.

Ao projetar um produto para este fim, leve em conta que diversos usuários irão utilizar o produto. A ergonomia deve prever esta multiplicidade

de usos, por pessoas de diferentes alturas, pesos, idades, necessidades, escolaridade e capacidades cognitivas.

Os mecanismos de regulagem devem ser facilmente acessíveis, mais do que já seriam nos produtos projetados para posse individual.

Facilite o uso intuitivo, uma vez que os usuários provavelmente não vão ter acesso ao manual. O ideal é o usuário apreender comandos e ajustes apenas olhando para o produto. Se não for possível deduzir o uso do produto apenas o observando, inclua indicações no próprio produto.

Aumente a resistência, já que as pessoas tendem a ser menos cuidadosas com objetos que não possuem e porque o uso mais intenso expõe o produto a esforços maiores. Reforce especialmente juntas, encaixes, uniões, partes mais sujeitas a quebras.

Como o produto será regulado mais frequentemente, reforce também os mecanismos de ajustes.

Desenvolva acessórios ou aprimore produtos já empregados de forma compartilhada, tornando a opção compartilhada mais atraente do que a posse individual.

(András Sütő)

Acessórios e aprimoramento de equipamentos compartilhados
O projeto conceitual de lava roupa de András Sütő facilita a operação de lavadoras de uso compartilhado. O tambor pode ser retirado para o transporte da roupa do apartamento até a lavanderia.

Sistemas que viabilizem o compartilhamento de produtos
São muitos milhões de equipamentos eletrônicos subutilizados no mundo, que passam a maior parte do tempo ociosos ou operando a meia carga. Isso significa um imenso desperdício de poder de armazenamento de memória e de processamento de dados. Existem alguns projetos de sistemas para compartilhamento do tempo e capacidade operacional de computadores domésticos. Alguns se diferenciam por proporcionar um ganho financeiro aos usuários que alugarem o poder de processamento ocioso de seus aparelhos. Essa pode ser uma oportunidade de negócio ainda pouco explorada.

Sistemas que viabilizem o compartilhamento de produtos
Várias cidades do mundo adotaram o sistema de bicicleta compartilhada, em que o usuário paga pelo uso e não pela posse do produto.
Para isso, foram desenvolvidos modelos de bicicleta específicos para este uso, bases de acoplamento, aplicativos em smartfone, modelo de negócio, entre outros projetos.
As bicicletas são mais resistentes, tem regulagem facilmente acessível e podem ser usadas por pessoas de diferentes alturas e pesos.

Benefícios ambientais do Compartilhamento

O benefício ambiental do compartilhamento de produtos ocorre pela redução da quantidade de produtos manufaturados e descartados, proporcionado pela intensificação do uso dos compartilhados.

Muitos produtos são usados poucas horas por dia, ou mesmo por mês, o que viabiliza o uso compartilhado. Um automóvel de posse individual, por exemplo, é utilizado em média apenas durante uma, das 24 horas do dia. Uma ferramenta pode ficar ociosa meses, ser empregada durante poucos minutos, e ficar ociosa novamente.

Estudos indicam que o uso compartilhado pode dividir por quatro o impacto ambiental de produtos, resultado que dificilmente seria obtido contando apenas com avanços tecnológico para melhoria da eficiência técnica.

Aspectos culturais e riscos do Compartilhamento

Esta é uma estratégia de negócio que pode proporcionar grandes reduções no impacto ambiental do consumo. Mas, mesmo quando é viável técnica e economicamente, pode apresentar fortes resistências culturais. Da mesma forma com o Sistema Produto-Serviços, o Compartilhamento enfrenta o desafio psicológico de superar o conceito de posse do objeto.

Avalie os hábitos do consumidor na sua localidade antes de propor uma forma de negócio baseada no compartilhamento. Em alguns segmentos o usuário valoriza a posse do produto mais do que em outros, oferecendo resistência a políticas de compartilhamento.

Analise também o que o consumidor pode ganhar nesta nova forma de relacionamento com o produto, em comparação com a posse individual.

Para sua viabilização, é necessário construir uma logística que permita que cada usuário tenha o produto disponível no horário que precisa. A solução de compartilhamento aplica-se de forma mais eficiente, portanto, em produtos de uso pouco frequente ou programado.

31

Desmaterialização

A desmaterialização é a estratégia de transformar produtos ou partes dele de tangíveis em intangíveis, sem perda da qualidade para o usuário. Com isso, o meio ambiente é beneficiado pela redução do conteúdo material dos produtos, o que implica em menos matéria extraída do meio ambiente, menos gastos na distribuição e no uso e menos material descartado ao fim da vida útil.

Como desenvolver produtos Desmaterizalizados

Procure desmaterializar o produto ou alguma de suas partes refletindo sobre a aplicabilidade dessas diretrizes:

> **Imagine alguma forma não material de cumprir com a mesma função. Geralmente, por trás de um produto desmaterializado, existe pouca matéria, porém muita pesquisa e informação.**
>
> **Avalie se componentes eletro eletrônicos podem ser substituídos por softwares.**
>
> **Algumas diretrizes de Redução também são aplicáveis na Desmaterialização, como digitalizar funções, miniaturizar o produto e combinar funções.**

Componentes eletrônicos substituídos por softwares
A tecnologia de televisão LCD ocorreu graças à desmaterialização de vários componentes. As funções de válvulas, transistores, capacitores, resistores, fios, fusíveis e chaves, passaram a ser executadas digitalmente, via software. O aparelho praticamente se resumiu a um chip, uma grande tela de LCD, o gabinete e um software.

Formas imateriais para cumprir com função
Vários exemplos de desmaterialização foram proporcionados pela informática. A comunicação escrita foi um deles, e evoluiu em três grandes etapas.
A carta era intensiva em matéria e energia e apresentava baixo desempenho: era necessário o papel, o envelope, a impressão e dias para a informação chegar ao destinatário.
O fax melhorou o desempenho, com a possibilidade da comunicação instantânea, mas continuou preso à materialidade da folha de papel, e dobrou seu gasto: passou a ser necessária uma folha para quem envia e outra para quem recebe. Por outro lado, como esta folha não é transportada, o gasto de energia caiu muito.
Por fim, o e-mail, manteve o desempenho da transmissão imediata proporcionado pelo fax, e praticamente zerou o gasto de material e energia.

Benefícios ambientais da Desmaterialização

Da mesma forma que o Sistema Produtos Serviços e o Compartilhamento, a Desmaterialização poupa o meio ambiente por ser uma abordagem na qual a qualidade ou o benefício para o usuário é proporcionado com pouco ou nenhum conteúdo material, e pouco conteúdo energético.

A desmaterialização, a semelhança da Redução, é benéfica para meio ambiente, para economia, e, em vários segmentos, tem boa aceitação do consumidor, cada vez mais habituado com serviços digitais.

A revolução digital, em especial com Tecnologia da Informação, Internet e smartfones, trouxe um universo de possibilidades de desmaterializar produtos.

Referências

[1] Pegada Ecológica Global. **WWF Brasil**. Disponível em: <http://www.wwf.org.br>. Acesso em 24 de julho de 2019.

[2] MANZINI, Ezio; VEZZOLI, Carlo. **Desenvolvimento de produtos sustentáveis.** São Paulo: EdUsp, 2016.

[3] SILVA, Júlio C. Augusto. **Ferramentas de Ecodesign para designer brasileiro**. Rio de Janeiro: PUC-rio, Tese de doutorado em design, 2009.

[4] HEMEL, Carolien G. Van. **Ecodesign empirically explored**. Delft: Delft University of Technology. 1998.

[5] BREZET, Han. **Ecodesign**: A Promising Approach To Sustainable Production And Consumption. UNEP e Delft University of Technology, 1997.

[6] OLIVEIRA, Alfredo Jefferson de. **Ecodesign e Remanufatura**: Algumas contribuições para o projeto de produtos eco-eficientes. 2000. 253 f., Tese (Doutorado em Engenharia de Produção). COPPE/UFRJ, Rio de Janeiro, 2000.

[7] STEVELS, Ab .**Adventures in Ecodesign of eletronics products**: a personal vision. Delft: Delft University of Technology, 2007.

[8] FERREIRA, Oswalfo Poffo. **Madeira**: uso sustentável na construção civil. São Paulo: IPT. 2003.

[9] IMHOFF, Daniel. **Paper or Plastic, searching for solutions to an overpacked world.** San Francisco: Sierra Club Books, 2005.

[10] Information / inspiration **Ecodesign source**. Disponível em: <ecodesign.lboro.ac.uk>, acesso em 23 de junho de 2021.

[11] EUROEAN ENVIRONMENT AGENCY. **Establishing ecological criteria for the Community eco-label to Furniture.** Brussel: EEA, 2018.

[12] DEMI RESOURCE. **Design for Environmental Multimedia Implementation Project:** UK Governament Report Disponível em: <demi.org.uk>, acesso em 29 de julho de 2017.

[13] ANSI **ASTM D 883 20b** Standard Terminology Relating to Plastics. Washington, 2020.

[14] ANSI **ASTM 6400 21** Standard Specification For Compostable Plastics. Washington, 2021.

BAKKER, Conny. **Environmental information for industrial designer**. Thesis Delft University of Technology, Delft, Netherlands, 1995.

BARBOSA, João Carlos Lutz. **Design ecológico e sustentabilidade.** 2003. 385 f. Tese (Doutorado em Engenharia de Produção), - Programa de Pós Graduação em Engenharia de Produção, COPPE/UFRJ, Rio de Janeiro, 2003.

CALDEIRA-PIRES, Armando; SOUZA-PAULA, Maria e VILLAS BOAS, Roberto. **Avaliação de Ciclo de Vida,** a ISO 14040 na América Latina. Brasília: Abipt, 2005.

CHAVES, Liliane Iten **Design for environmental sustainability**: design strategies, methods and tools in the furniture sector. 2007, 170 f. Tese (Doutorado em Design Industrial) - Politécnico de Milão, Milão, 2007.

CLEMENTINO, Thamyres Oliveira. **Modelo para avaliação da qualidade do valor ambiental percebido**: adoção de aprendizagem de máquina para auxílio à tomada de decisões estéticas. 2020. Tese (Doutorado em Design), Universidade Federal de Pernambuco, UFPE, 2020.

COLTRO, Leda; GASPARINO, Bruno F.; QUEIROZ, Guilherme de C. Reciclagem de Materiais Plásticos. **Polímeros: Ciência e Tecnologia,** vol. 18, nº 2, p. 119-125, 2008.

Cradle2cradle Certification. **Cradle to cradle,** San Francisco, 2022. Disponível em <https://www.c2ccertified.org/> Acesso em 22 de outubro de 2021.

CRUL, Marcel; DIEHL, Jan Carrel. **D4S - Design for Sustainability**: a pratical aproach for developing economies. UNEP e Delft University of Technology, 2007.

DEWULF, Wim. **A Pro-Active Approach To Ecodesig**n: Framework And Tools. 2003, 208 f, Tese (Doutorado em Design) - Katholieke Universiteit Leuven, Leuven, 2003.

EICHENBERG, Elisa Guerra Ashton. **Design, inovação e sustentabilidade**: estudo da reciclagem de produtos multimateriais poliméricos sem separação prévia. 2017. Tese (Doutorado em Design), Universidade Federal do Rio Grande do Sul, UFRGS, 2017.

EPELBAUM, Michel. **A influência da Gestão Ambiental na competitividade e no sucesso empresarial.** 2004, 190 f. Dissertação (Mestrado em Engenharia de Produção) - Escola Politécnica da Universidade de São Paulo, São Paulo, 2004.

EUROPEAN COMUNITY. **Comission Directive 2001/59/EC:** classification, packaging and labelling of dangerous substances. Brussels: EC, 2001.

FIKSEL, Joseph. **Design for Environment:** creating eco-efficient products and process. Nova York: McGraw – Hill, 1996.

FRY, Tony, **A new Design philosophy, an introduction to defuturing**. South Wales: New South Wales Press, 2020.

FUSSLER, Claude.; JAMES, Peter. **Driving Eco Innovation.** London: Pitman Publishing, 1996.

JOHNS, Nicholas. **EcoDesign Innovation** - Professional Practice Guidelines. Melbourne: RMIT. 2004.

JOHNSON, Michel. **Metohodology for Planing of producto desassembly for recycling, remanufaturing and reuse.** 1999, 166 f. Dissertação (Mestrado em Design) - Universidade de Windsor, Ontario, 1999.

KAZAZIAN, Thierry. **Haverá a idade das coisas leves.** 2 ed. São Paulo: Editora Senac, 2009.

LAZZARI, Márcio A. **Sustainability-inspired business start-up (SiBS)**. 2017. Tese (Doutorado em Environmental Tools and Analysis), University of Surrey, England, 2017.

LUND, Herb. **The Mc Graw-Hill Recycling Handbook,** 2 ed. New York: Mc Graw-Hill, 1993.

MANZINI, Ezio.; VEZZOLI, Carlo. **Product-Service-Systems and Sustainability, opportunities for sustainable solutions.** Paris: United Nations Environment Programme, and Politécnico di Milano University, 2002.

MONT, Oksana Mont Drivers and barriers for shifting towards more service-oriented businesses: analysis of the PSS field and contributions from Sweden. **The Journal of sustainable product design**, Vol. 2, n. 3, (89 – 103), set. 2002.

MORAES, Ricardo. **Ecodesign, uma análise do uso da ferramenta Avaliação de Ciclo de Vida.** 2003, 158 f. Dissertação (Mestrado em Design) – Departamento de Artes & Design, PUC-Rio, Rio de Janeiro, 2005.

NORDIK ECOLABELLING. **Swan eco labeling for furniture and fitments**, version 5.3 Nordik ecolabelling, 2020.

PIVA, Ana Magda; WIEBECK, Hélio. **Reciclagem do Plástico**. São Paulo: Artliber Editora, 2004.

PLATCHECK, Elizabeth. **Metodologia de Ecodesign para o Desenvolvimento de produtos Sustentáveis.** 2003, 110 f. Dissertação (Mestrado em engenharia ambiental) - Escola de Engenharia, UFRGS, 2003.

PLENTZ, Natália Debeluck. **Sustentabilidade no ensino do design**: Diretrizes e estratégias para Brasil e Portugal. 2020. Tese (Doutorado em Design), Universidade de Lisboa, UL, Portugal, 2020.

PORTILHO, Fátima. **Sustentabilidade ambiental, consumo e cidadania**. São Paulo: Cortez, 2005.

PRATES, Gláucia Aparecida. **Ecodesign utilizando QFD, métodos Taguchi e DFE.** 1998, 112 f. Tese (Doutorado em Engenharia da Produção) - Departamento de Engenharia de Produção e Sistemas, UFSC, Florianópolis, 1998.

RAMOS, Jaime. **Alternativas para o projeto ecológico de produtos**. 2001 Tese (Doutorado em Engenharia de Produção). Programa de Pós-Graduação em Engenharia de Produção - UFSC, Florianópolis, 2001.

SACHS, Ignacy. **Espaços, tempos e estratégias do desenvolvimento.** São Paulo: Vértice. 1986.

SALVADOR, Rodrigo. **Developing Business Models for a Circular Bioeconomy**: The B2Circle Tool 2021. Tese (Doutorado em Engenharia de Produção), Universidade Tecnológica Federal do Paraná, UTFPR, 2021.

SHERWIN, Chris. Design and sustainability a discussion paper based on personal experience and observations. **The Journal of Sustainable product design**. vol. 4, n. 1, (21–31) jan. 2014.

SIENA, Osmar. **Método para avaliar progresso em direção ao desenvolvimento Sustentável.** 2002, 234 f. Tese (Doutorado em Engenharia de Produção) - Programa de Pós Graduação em Engenharia de Produção, UFSC, Florianópolis, 2002.

SILVA, Marcos Garamvölgyi. **Design para Sustentabilidade e a Economia de Serviço**. 2009, 142 f. Dissertação (Mestrado em Design) - Programa de Pós Graduação em Design, PUC-Rio, 2009.

SPICER, Andrew. **Disassembly and Modeling an Analysis**. 1996. 142 f. Dissertação (Mestrado em Design), Universidade de Windsor, Ontário, 1996.

THE EARTH WORKS GROUP. **Manual de reciclagem.** Rio de Janeiro: José Olympio, 2007.

TUKKER, Arnold. The potential of CO2 reduction from household consumption by productservice systems – A reflection from SusProNet. **The Journal of Sustainable Product Design.** vol 3, n. 3-4, (109-122), dez. 2003.

TURRA, Dulce. **Estudo das Diretrizes para Reciclagem de materiais e produtos como subsídio à aplicação do Ecodesign**. 2002 107f. Monografia (Especialização em Gerenciamento Ambiental) - Universidade Luterana do Brasil, Canoas, 2002.

UEDA, Edilson Shindi; SHIMIZU, Tadao. The attitude of product users towards environmental concern: a comparative study of the users living in Chiba city and in São Paulo City. **Journal of the 6th Asian Design International Conference**. Chiba: Tsukuba, 2006.

VAN BELLEN, Hans Michel **Indicadores de sustentabilidade**, uma análise comparativa. 2002. Tese (Doutorado em engenharia de produção), Curso de Pós Graduação em Engenharia de Produção, UFSC, 2002.

VAN DER RYN, Sim; COWAN, Stuart **Ecological Design.** 2 ed. Washington: Island Press, 2007.

ZEC, Peter. **Designing sucess, startegies, concepts, processes**. Essen: Design Zentrum Nordhein Westfalen, 2009

ZHANG, Y; GERSHENSON, J.K. Questioning the direct: relationship between product modularity and retirement cost **The Journal of sustainable product design,** Vol. 2, n. 1-2, (53-68), março 2002.

FSC
www.fsc.org
MISTO
Papel produzido
a partir de
fontes responsáveis
FSC® C133282

GRÁFICA PAYM
Tel. [11] 4392-3344
paym@graficapaym.com.br